DU JÉSUITISME

TROISIÈME ANNEXE

SUR

LA JUSTICE

ET

LES JUGES

PAR

TROIS PROCUREURS GÉNÉRAUX

DEUX DE L'ANCIENNE MONARCHIE

LE TROISIÈME DE LA MONARCHIE CONSTITUTIONNELLE

Lorsqu'on dit que le jésuitisme subsiste,
nous démontrons que rien ne subsiste que
le jésuitisme.

PARIS

LIBRAIRIE GERMER BAILLIÈRE

17, RUE DE L'ÉCOLE-DE-MÉDECINE

1874

PARIS. — IMPRIMERIE DE E. MARTINET, RUE MIGNON, 2

RÉSUMÉS

EXACTS ET SUCCINCTS

DES COMPTES RENDUS DES CONSTITUTIONS DES JÉSUITES

PAR

LES PROCUREURS GÉNÉRAUX

AUX PARLEMENTS DE BRETAGNE ET DE PROVENCE

suivis

DE LEUR SUCCESSION RÉMUNÉRATOIRE

AVEC BÉNÉFICE ET INVENTAIRE

EN FAVEUR

DU PROCUREUR GÉNERAL CONSTITUTIONNEL

SURVIVANT LUI-MÊME

A TOUS LES PARQUETS DE SON TEMPS

Aix, juillet 1874.

INTRODUCTION

Quelque étrange que puisse paraître un système nouveau, renfermant une autonomie complète sur de grandes questions qui divisent depuis si longtemps la société française, il ne saurait être indifférent de pouvoir tout dire dans l'exorde et en très-peu de mots.

C'est ainsi qu'il nous paraît utile et convenable d'agir, parce que d'abord dans une nation inconstante et frivole qui se plaît tant à la couardise native et si peu aux lectures nécessaires et aux occupations sérieuses, il faut recourir, non à des comparaisons d'époques et à des surprises, mais à cette brièveté de résumés qui peut seule donner quelque espérance de succès.

Tâchons de ne jamais oublier que nous sommes entre le type immortel de la fidélité aux choses mortes, comme on l'a dit, et le type mouvant de la persistance dans les choses nouvelles, comme nous le disons à notre tour,

Nous n'appréhendons pas de nous prévaloir de ces modestes considérations d'une sagesse qui, si elle était trop terre à terre, ne nous trouve pas moins en région différente. Nous ne pouvons oublier que nous avons été un des premiers dans les hauts rangs de notre culte et du libéralisme. Nous n'avons donc jamais rejeté les reflets de ces régions supérieures.

Comment donc chercher à caractériser d'une manière plus claire ce qui est la clarté pour nous-même, quoique d'autres n'y veuillent rien voir du tout ?

Il ne s'agirait donc que de conserver au jésuitisme toute liberté de vivre en France, de s'organiser et d'agir à l'avenir tout comme il le voudra. Bien entendu, que de son côté, il sera complétement en dehors de toute ingérence de l'État.

Toujours, bien entendu, qu'il sera rigoureusement proclamé que l'État dans tous ses pouvoirs sera aussi rigoureusement maintenu en dehors de l'ingérence et de toute influence du jésuitisme.

Tout est là.

Tout pourrait être donc expliqué et réduit dans cet aphorisme avec la ferme résolution de conserver nos anciennes lois et d'assurer en mieux ce que réclament aujourd'hui l'état de notre civilisation et la situation des mœurs acquises, c'est-à-dire plus d'exil, plus d'expulsion, rien, en un mot, qui puisse atteindre ni troubler une existence inoffensive et paisible.

Toutefois, ce ne sera qu'avec la même fermeté, qu'en se respectant simultanément l'une et l'autre, on assurera une paix qui a paru jusqu'ici être le problème le plus difficile à mettre en œuvre, mais dont le succès serait le plus propice et le plus certain de tous.

Quelles que soient les aspirations d'un corps qui n'a jamais cherché que sa domination, l'État peut et doit à son tour opposer la puissance de son homogénéité. Il est de son droit et de son devoir de se maintenir par des mandataires responsables préposés « *ad rem et ad personam.* »

Si l'on ne doute pas au premier abord des moyens et des influences qu'a recherchés et que recherchera toujours le jésuitisme en tous pays et en tous temps, il ne faut pas douter non plus des rigueurs légales dont devra faire usage l'État jaloux de ses droits nouveaux, rigueurs imposées par ces droits eux-mêmes.

Si nous n'avons pas à démontrer quels vont être les moyens de défense d'un ennemi qui ne s'est jamais défendu publiquement ni en champ clos, il ne saurait être trop différé, ni trop malaisé de comprendre et de prévoir des moyens assurés de défense qui ne seront certes ni difficilement ni astucieusement aperçus dans notre programme, mais qui seront les plus régulièrement et les plus sévèrement articulés pour leur exécution.

On s'apercevra sans difficulté de ce qui doit être principalement en vue dans nos annexes actuelles et plus tard en mercuriale hebdomadaire toujours sur *la justice et les juges*, sur les *jésuites* et les justiciables, sur toutes œuvres et pensées auxquelles on trouvera un caractère pratique.

Il y a un besoin immense dans le monde ; on peut espérer que tous ceux qui ont à cœur la vraie justice et la vraie religion pourront sympathiser avec notre but et nos efforts.

Dans nos temps de trouble, rien n'eût dû être révélé par notre plume, si en payant ici-bas notre faible tribut, nous n'avions l'espérance de contribuer à faire avancer le bien qui est la justice, et à réparer le mal qui est le jésuitisme, à assurer la vérité et à repousser le mensonge.

Il faut donc qu'on sache bien aujourd'hui comment jadis s'écriait le prophète : « Qu'on ne délivrera plus par » épée ni par hallebarde, car le combat n'appartient plus » aux hommes, ils se délivreront eux-mêmes par la jus- » tice. » Mais ces hommes, destinés à toute la rigueur de la justice et des droits sacrés de l'État, commandent ici la réciprocité des plus durs sacrifices. Vous vous êtes livrés aux ennemis inexorables de nos libertés publiques ; nous serons inexorables devant vos consciences. Vous serez respectés chez vous, jamais appelés chez nous. — Il n'y a plus de ces anathèmes qui sont en horreur à tous : l'Église n'a plus le même goût pour les excommunications. Il n'y a plus que notre tolérance qui fait respecter les individualités et la loi du pays.

Abordant tout d'abord ce chapitre en région septentrionale, venant ensuite à celui de la région opposée, il y aura lieu d'explorer l'autre domaine sur lequel le jésuitisme a laissé les plus profondes traces dans les familles elles-mêmes de ces grands magistrats qui, les premiers, ont élevé l'étendard, sonné la charge, marqué le pas et tenu tête à ce redoutable ennemi vaincu jadis et ressuscité plus que jamais autour d'eux et autour de nous-mêmes.

Nous sommes si éloignés des régions du nord qu'il nous a été fort difficile d'indiquer si les La Chalottais subiraient, en Bretagne, le sort de nos Monclar et des Castillon.

Nous n'avons même pu savoir si, en entrant dans l'Académie française, le chef d'une famille illustre avait conservé son illustration du vieux temps.

S'il est triste et surtout affligeant parmi nous de reconnaître que le jésuitisme a plus profondément tourné et retourné le sol provençal, il devrait être plus permis qu'ailleurs d'insister sur ce remède qui certainement serait plus efficace que celui qui n'a jamais atteint que ceux qui survivent à tout.

Aujourd'hui il faut donc aller du vrai côté et persister dans notre voie. Il faut vaincre les ambitions, les tendances terrestres, il faut diguer le faux orgueil, un luxe et des prodigalités intéressés d'étiquette et de mauvais goût.

Mais s'il faut tout dire aussi, nous, qui certainement ne sommes pas jésuites et qui devons au contraire en tout, partout et pour tout, combattre le jésuitisme, nous ne pouvons jamais le faire sans oublier nos principes sur la liberté, l'inviolabilité et sur l'individualité des consciences.

Or, s'il arrive quelqu'une de ces anomalies qui se propagent si fatalement dans de bonnes familles, et dans de si mauvaises divisions politiques, il faut de la tolérance élevée à sa plus haute puissance et abaissée au plus infime degré.

S'il n'y a lieu qu'à gémir en silence actuel, il y a lieu

cependant d'indiquer l'avenir, cet avenir qui est l'enfer
du Dante :

Per me si va tra la perduta gente.

Oh ! non, il ne faut pas craindre de le dire aux siens, à
ses proches, aux plus nobles cœurs.

Si le courage, nous le répétons, a été plus facile dans
le nord, qui donc, par ici, a introduit et déchaîné l'ennemi? N'est-il pas né dans ces rangs encore élevés du
vieux monde. C'est-là qu'il se maintient, se propage et
donne à penser bien plus qu'on ne saurait le croire.

Ici, nous le répétons, si rien ne saurait plus justifier,
en général, l'antique renom de la race et des doctrines,
ce qui prétend sans cesse advenir subrepticement à s'établir sourdement au plus petit bruit, on n'en n'est pas
plus ou moins résolu, plus ou moins impressionné par les
influences atmosphériques sur le sol qui nous a vu
naître et surtout par les exemples domestiques. Enfin
quand on n'est qu'une nation qui est en travail de sa
constitution, d'élections à tous les degrés et de réformes
en tout genre, s'il n'y a que ce qui se cache bien qui
puisse réussir et faire son chemin, il faut bien que cette
nation qui ne soupire qu'après sa régénération invoque les
anciens arrêts de sa justice et les nouveaux apprêts de sa
défense.

CHAPITRE PREMIER

———

Louis René Caradeuc de la Chalottais, devant le Parlement de Bretagne, chambres assemblées en décembre 1761 et en mai 1762, rendit compte sur l'appel comme d'abus des constitutions des jésuites.

Vrai Breton, fortifié par la froide température de l'Océan et le voisinage d'un peuple libre, ne sera-t-il pas dans ce grand et solennel champ clos plus résolu qu'on ne l'était l'année suivante dans ce midi toujours soumis à de si différentes aspirations ?

Voici donc comment apparaît sur la tranchée l'esprit le plus aguerri et le plus hardi de son temps.

- « J'accuse cet esprit de corps aussi souvent nuisible
» qu'utile, cette violence faite à la liberté des consciences
» et des esprits pour amener tous ceux qui portent le
» même habit à embrasser les mêmes sentiments ; cette

» prévention outrée pour les doctrines de son ordre qui
» ne permet pas de s'écarter de leurs opinions.

» J'accuse la superstition et l'ignorance, un régime
» ambitieux et despotique, le fanatisme enfin qui a causé
» et qui cause tant de maux dans les États et dont nous
» ne pouvons nous vanter d'être entièrement guéris.

» L'enthousiasme et le fanatisme sont une suite de la
» superstition et de l'ignorance. L'enthousiasme a pour
» principe une forte persuasion échauffée par un faux zèle
» et sans aucun motif de conviction.

» L'imagination vivement frappée, fortement attachée
» à son objet, ne laisse aucune ouverture à l'examen ou
» à la discussion.

» L'enthousiasme ne raisonne pas ; il voit tout ce qu'il
» imagine ; il a des sentiments vifs, et n'a point d'idées
» nettes ; le sentiment lui tient lieu de démonstration.

» S'agit-il de religion ? de l'enthousiasme au fanatisme
» il n'y a qu'un pas et le caractère du fanatisme est d'at-
» tribuer à Dieu ses imaginations ou, ce qui est la même
» chose, de prendre ses imaginations pour des inspirations
» divines.

» Voir toujours Dieu dans un homme quel qu'il soit ;
» la volonté de Jésus-Christ dans la volonté de cet homme;
» prendre ses ordonnances pour des ordres de Dieu et se
» soumettre aveuglément à tout ce qu'il ordonne, tel est
» le fanatisme.

» Ces illusions n'ont pas toujours des suites également
» funestes, mais il n'y a point de siècles, point de pays
» où il n'ait porté le trouble et la désolation.

» Les États ne sauraient donc être trop en garde contre

» ce fléau ; il n'a besoin que d'occasions pour se produire.
» Il est toujours à les faire naître.

» En lisant les annales de l'Empire et de l'Église de-
» puis cinq siècles, on voit s'introduire et s'accréditer deux
» principes qui ont été la suite et la cause du fanatisme et
» qui ont occasionné tant de maux et tant affligé l'Eu-
» rope.

» Ces principes sont venus de la confusion que l'on a
» faite par ignorance et par prévention des pouvoirs des
» deux puissances.....

» Vous m'avez chargé de vous rendre compte des con-
» stitutions des jésuites. Je tâcherai de remplir vos vues.
» En me conformant aux intentions d'un grand roi, je
» me conformerai certainement à celle de l'héritier de
» son trône et de ses vertus et aux vôtres

» Le ministère public ne connaît que les lois, et gardant
» d'ailleurs les égards qui sont dus aux personnes, il n'en-
» visage que le bien de l'État.

» J'ai cru que vous vouliez connaître, non simplement
» les règles d'un ordre monastique, qui, s'il était con-
» centré dans un cloître arrêterait peu les regards du
» public, mais celles d'un ordre célèbre, répandu dans
» tout l'univers et exerçant plusieurs emplois qui inté-
» ressent également l'Église et l'État, que vous désiriez
» d'être instruits des rapports qu'elles ont l'une avec l'autre,
» de l'esprit dans lequel elles ont été conçues, des prin-
» cipes sur lesquels elles sont fondées, et de savoir quelles
» conséquences elles peuvent entraîner pour la société
» civile et religieuse et pour l'éducation de la jeunesse.

» Pour examiner les constitutions des jésuites sous tous

» ces points de vue, il faut d'abord poser des principes et
» établir des faits.

» Un ordre religieux quel qu'il soit ne doit rien ap-
» porter dans l'État qui soit contraire aux lois de cet État.
» — Ce serait démentir les principes de la religion chré-
» tienne. — Mais cela seul ne suffirait pas. — Ce qui ne
» serait que tolérable parce qu'il ne serait pas mauvais,
» n'est pas bon dans l'ordre, et par conséquent ne de-
» vrait pas être introduit. Tout établissement et tout
» particulièrement un établissement religieux , doit avoir
» pour but l'utilité du genre humain et l'avantage de la
» religion. — Celui qui n'aurait pour objet que la gloire
» et l'intérêt serait essentiellement mauvais et vicieux.....
» (page 5).

» Ainsi, nous devons confronter les constitutions, les
» statuts et les règles de ces ordres religieux, de ces com-
» munautés ou congrégations quelles qu'elles soient:

» 1° Avec les principes de la loi naturelle ;

» 2° Avec les lois positives, divines, humaines et parti-
» culièrement avec celles de la France. Tout ce qui blesse
» ces lois doit être proscrit . . . .
» . . . . »

Le procureur général examine succintement chaque
ordre religieux déjà établi, et termine en disant que la
Compagnie de Jésus ne ressemble à aucun. Il s'élève fortement contre elle pour avoir refusé de soumettre, malgré
sommation, ses statuts, décrétales, bulles, etc., à l'examen
du Parlement. Il prétend que celles qui ont été remises
sont tronquées, incomplètes et loin d'être la totalité de

leurs règlements. Il ajoute que ce seul fait prouve que l'accusation portée contre eux ne manque point de fondement, car la meilleure manière de se disculper et de faire tomber tout soupçon, est évidemment de se montrer tel que l'on est, et de ne rien cacher.

« Quand en 1603 on leur a demandé ce qu'ils étaient (1),
» il ont répondu : *tales quales.* S'il faut répondre au sage
» suivant sa sagesse, et à celui qui ne l'est pas suivant son
» intention, on pourra leur répondre qu'ils sont reçus
» *taliter qualiter.* Ils ont supposé qu'ils étaient reçus, on
» l'a supposé après eux, leur réception n'est fondée que
» sur cette supposition.
» Mais le caractère seul de mystère réprouve et con-
» damne leurs constitutions. Ils ont pris toute sorte de pré-
» cautions pour les tenir cachées. Il est défendu par la
» règle de les communiquer aux étrangers, on ne peut
» pas même les communiquer en entier à tous les reli-
» gieux..... (page 36).
» En 1621, les jésuites refusèrent de communiquer à
» M. le Procureur général du Parlement d'Aix leur in-
» stitut qu'il demandait.... (page 5). »

M. de la Chalottais étudiant ensuite l'organisation intérieure de la Compagnie, nous la montre tout entière dans la main d'un seul à la fois législateur et juge, imposant à tous ses volontés, réclamant et exigeant de tous, quel que soit l'ordre donné, une obéissance passive et aveugle.

(1) Lors de l'acte de Poissy.

Dans les devoirs particuliers des supérieurs envers le général, nous trouvons exposé dans le réquisitoire ce curieux renseignement :

« Chaque supérieur doit envoyer tous les ans au gé-
» néral deux catalogues. Dans le premier il écrira les
» noms de tous ceux qui sont dans les maisons. — *Dans*
» *le second, il écrira les qualités, les talents de chaque*
» *particulier, la nature de son esprit, de son jugement, de*
» *sa prudence, de son expérience dans les affaires, de son*
» *tempérament, et pour quel emploi dans la société il pour-*
» *rait avoir du talent.* »

Peut-on pousser plus loin l'espionnage et l'inquisition morale ! Procéder avec de tels moyens, parvenir par des voies sourdes et cachées jusque dans l'*at home* des citoyens, n'est-ce pas renverser l'édifice social actuel et montrer le peu de cas que l'on en fait ?

Nous allons indiquer rapidement les différentes parties du réquisitoire, en donnant à chacune d'elles le titre qui lui est propre, bien que ces divisions n'existent point d'une façon aussi tranchée dans l'ouvrage imprimé que nous avons sous les yeux.

BASE DE LA CONSTITUTION DE LA COMPAGNIE DE JÉSUS.

« Les constitutions des jésuites et leur régime partent de
» deux sources d'où sont dérivés leurs lois, leurs privi-
» léges, leurs déclarations et leurs statuts, en un mot, tout
» ce qui a chez eux force de loi.

» La première est le pouvoir souverain et absolu du
» Pape *dans le spirituel et dans le temporel.*

» La seconde est la communication que le pape fait à la
» Société de Jésus dans la personne de leur général d'un
» pouvoir absolu pour la conservation et l'accroisse-
» ment du bien spirituel et temporel de cette Société
(page 80).

» Ces deux principes sont la base sur laquelle porte
» tout l'édifice de la Société.

» Si cette base, si ces principes étaient solides, ce que
» l'on trouve de plus extraordinaire dans l'institut des jé-
» suites cesserait d'avoir ce caractère insolite.

» Mais si ces principes sont chimériques, s'ils sont con-
» traires à la raison, à la religion, au droit de toutes les
» nations, s'ils ne sont propres qu'à inspirer l'enthousiasme
» et le fanatisme, il faut convenir que les constitutions des
» jésuites sont insoutenables (page 81). »

Le procureur général examine ensuite ces deux principes.

Il montre les conséquences pour les nations civilisées de
cette subordination absolue du spirituel sur le temporel.
Les excommunications, les interdits lancés sur les pays, sur
les souverains; les sujets déliés de leurs serments de fidélité ; les peuples enlevés à leur chef légitime, donnés à des
princes étrangers. Il peint ensuite le fanatisme de ces institutions sans cesse entretenu par la milice active et pas-
sionnée des jésuites, véritables destructeurs de tout État
et de toute société civile.

DROIT DE JUSTICE.

« Ce n'était pas assez d'avoir affranchi les personnes et
» les biens de la Société de toute espèce de juridiction ; il
» fallait, pour la conservation de tous ces priviléges, créer
» des juges et les munir des pouvoirs nécessaires pour
» empêcher qu'il ne leur fût donné aucune atteinte.

» Les papes en ont donné pour tous les royaumes, ou
» plutôt ils ont donné aux jésuites le pouvoir de s'en
» choisir arbitrairement.

» Ce privilége de se choisir des conservateurs est le
» comble du délire et du fanatisme.

» Ce conservateur, pourvu qu'il ait une dignité ecclé-
» siastique ou un canonicat, peut être le juge ordinaire
» des jésuites. Il peut juger sans formalités judiciaires. Il
» est défendu à aucune puissance d'aller au contraire, et
» si quelqu'un y attente, ce qu'il fera est déclaré nul et
» sans effet.

» Les bulles donnent à ce conservateur tout pouvoir
» même sur le temporel et sur les personnes séculières.
» Il peut les punir par des peines pécuniaires et même
» lancer l'interdit sur les lieux où les ennemis de la société
» se retireraient (page 117).

» Les papes usant de leur droit prétendu de souverai-
» neté sur le temporel ont permis à la Société de créer
» des *notaires* pour toutes les affaires (page 120).

» Les bulles ont fait pour les jésuites une loi civile
» pour les prescriptions qu'elles prorogent à soixante ans

» même pour les biens qui seraient déjà prescrits par un
» moindre laps de temps (page 121). »

DROIT D'INSTRUCTION.

« Chaque collége des jésuites est érigé en université,
» et le supérieur ou le préfet est autorisé à donner des
» degrés aux externes comme aux jésuites, avec tous les
» priviléges des gradués dans les universités. Toute uni-
» versité et toute personne qui voudrait s'y opposer per-
» drait ses priviléges, ses droits, et serait citée devant le
» conservateur pour être excommuniée.
» Les magistrats doivent exécuter les volontés du rec-
» teur et protéger les recommandés (page 128). »

Passant à un autre ordre d'idées, mais qui résume son
impression à la suite des empiétements continuels du spirituel des papes sur le temporel des États, et des jésuites
sur le pouvoir spirituel des papes, M. de Caradeuc s'écrie :

« Quelle foule d'abus entassés les uns sur les autres, ou
» pour mieux dire, quelle extravagance et quel renver-
» sement de la raison !
» Des violations du droit de toutes les nations et de
» toute société civile, des attentats à la juridiction de tous
» les souverains, des peines énoncées contre les personnes
» sacrées; quel abus de l'autorité ecclésiastique ! Une
» puissance spirituelle qui n'a reçu de Jésus-Christ que

» des pouvoirs spirituels, ordonne du temporel dans toute
» la chrétienté, comme dans son territoire.

» Peut-on entendre sans frémir de pareils horreurs !
» quelle source de fanatisme ! ou plutôt n'est-ce pas le
» fanatisme lui–même ? Ai-je eu tort de vous dire que je
» démontrerai cette proposition que les constitutions des
» jésuites, leur régime, les déclarations, les décrets sont le
» fanatisme réduit en règles et en principes (page 131). »

INCOMPATIBILITÉ AVEC LES LOIS DE L'ÉTAT.

« Comme les priviléges de la Société sont fort étendus,
» et que la communication de ces priviléges par le géné-
» ral peut s'étendre indéfiniment, les excommunications
» peuvent aller à l'infini.

» Quelle foule de censures ! y a-t-il quelqu'un en Eu-
» rope et surtout en France qui ne soit dans le cas de
» l'excommunication ?

» Après tous ces détails, il est inutile de demander si
» l'institut et le régime des jésuites sont compatibles avec
» le gouvernement des États. Pour qu'un institut puisse
» se lier avec les principes d'un gouvernement, il faut
» qu'on ne puisse tirer de ses constitutions des consé-
» quences qui contredisent les lois.

» Je ne connais point de pays, point de nation, soit mo-
» narchique, soit aristocratique ou vivant sous une démo-
» cratie, avec les lois duquel les constitutions des jésuites
» puissent s'allier (page 146). »

RÈGLES DES JÉSUITES ENTRE EUX.

« Je demande s'il est honnête de constituer des reli-
» gieux espions par devoir les uns des autres ; de façonner
» des âmes tendres et faciles à la dissimulation et au men-
» songe ? C'est corrompre le cœur et dégrader l'esprit,
» ôter aux hommes tous les sentiments d'honneur, tous les
» motifs d'une louable émulation. C'est avilir l'humanité
» sous le faux prétexte de la perfectionner. Et quel usage
» un supérieur ambitieux et criminel ne pourrait-il pas
» faire de pareils instruments (page 171) ?
   » Est-il étonnant que l'uniformité de doctrine si nuisible
» à la liberté naturelle de l'esprit soit devenue une
» maxime fondamentale de l'ordre ? Les constitutions,
» ôtant toute volonté propre aux jésuites, ils ne sont ni
» Français, ni Espagnols, ni Allemands, ils sont jésuites
» (page 172). »

ÉDUCATION DE LA JEUNESSE.

« L'éducation publique que les jésuites donnent à la
» jeunesse dans les classes tient à l'esprit ultramontain
» qui les domine, à l'esprit de parti qui les agite, en
» conséquence aux anciens préjugés et à l'ignorance
» du xvi° siècle (page 176).
   » Le malheureux esprit de corps n'admet aucun livre
» étranger ni aucune instruction d'ailleurs (179).
   » La mauvaise morale ou les principes d'une morale
» corrompue ne tiennent pas à la constitution des jésuites.

» Elle y est entrée par la métaphysique de leurs casuistes
» qui l'avaient puisée ailleurs.

» Elle fut plutôt l'effet d'une mauvaise dialectique que
» de la corruption du cœur ; mais cette morale est rentrée
» dans le corps de doctrine de la Société par le principe
» dangereux de l'unité de sentiment, et par le défaut de
» liberté dans les esprits. Cependant il est inconcevable
» qu'après les reproches fréquents et publics qui ont été
» faits aux jésuites, après les censures de leurs proposi-
» tions par les papes et le clergé de France, le régime se
» soit obstiné à ne pas porter dans la morale la réforma-
» tion et la correction qui y étaient si nécessaires (page
» 187). . . . .

» Mais quelque sentiment que l'on puisse adopter, il
» est manifeste que les constitutions et le régime sont ex-
» trêmement dangereux. D'un côté, moyens de religion ;
» de l'autre, moyens de fanatisme (page 189). »

OPINION DU PUBLIC SUR LES JÉSUITES.

« Le public se trompe quelquefois sur les personnes en
» place qui sont vivantes, mais il se rétracte.

» Je demande, aux jésuites eux-mêmes, le jugement du
» public qui n'a contre eux aucune mauvaise volonté ;
» n'est-il pas qu'on n'a point vu de mal dans la Société,
» que tous les particuliers qu'on connaît sont d'honnêtes
» gens, mais que le corps est mauvais ? Et qu'il me soit
» permis de rapporter une espèce de proverbe familier
» quand on veut donner une idée avantageuse des jé-

» suites avec lesquels on est lié, on dit qu'ils ne sont pas
» jésuites. Comment le public se tromperait-il après une
» expérience de deux siècles (page 191). »

DROIT AU RÉGICIDE.

« Je passe à un point plus important. Vous m'avez
» chargé de vous rendre compte d'une matière qui a été
» agitée au Parlement de Paris, je veux dire de la doc-
» trine du régicide.

» Peut-on entendre sans frémir qu'on a enseigné dans
». le christianisme, qu'il y a des cas où il est permis d'at-
» tenter à la vie des rois ; qu'il y a une société religieuse
» chez qui cette doctrine est commune ; que les lieux où
» elle est enseignée subsistent ; qu'on en fait publiquement
» des éloges et que ces livres ont été faits par les auteurs
» les plus accrédités dans leur ordre (page 196) ! . .

. . . .

. » Les auteurs qui ont soutenu l'infaillibilité du Pape et
» son pouvoir direct ou indirect sur le temporel des rois
» ont déclaré qu'il pouvait en certains cas déposer les rois,
» délier les sujets du serment de fidélité, *et en conséquence*
» *que les rois pouvaient être tués, à quocumque privato*
» *potest interfici*, dit Suarès (livre VI, chap. IV, p. 201).

. . . .

. » Zacherias, en 1758, dit que c'est une doctrine com-
» munément enseignée par les théologiens catholiques.
» Enfin, il n'y a de différences entre eux qu'en ce que
» les uns disent que le meurtre des rois doit être précédé

» d'une sentence juridique, et que d'autres, comme Ma-
» riana, ont pensé qu'en certains cas cette formalité n'é-
» tait pas nécessaire!! (page 201).

» Je finis en protestant que dans tout ce que j'ai dit, il
» n'est entré aucun dessein de faire injure à personne.
» Malheur à celui qui abuserait du ministère public pour
» offenser des corps et même des particuliers. Je vous dois
» la vérité tout entière, vous l'exigez et vous l'attendez de
» moi. Je ne fais d'objections à la Société que celles de
» l'ordre public, j'attaque le régime, et je plains les par-
» ticuliers. — Ce ne sont point des inculpations hasardées
» que je vous présente, ce sont les griefs de la société hu-
» maine (page 227).

» Je requiers pour Sa Majesté que (suit une liste énumé-
» rative des livres des jésuites) soient lacérés et brûlés et
» qu'il soit fait défenses à tous sujets du roi, de quelque
» qualité et condition qu'ils soient, sous telles peines
» qu'il appartiendra, de s'assembler avec lesdits prêtres et
» autres de ladite Société en leurs maisons ou ailleurs
» sous prétexte de congrégation ou association et re-
» traites.

» Que Sa Majesté sera très-humblement suppliée de
» donner une déclaration pour ordonner que personne
» ne puisse être promu aux ordres sacrés, notamment
» aucun membre de la Société dite de Jésus, ni pourvu de
» quelque bénéfice que ce soit, séculier ou régulier, sans
» avoir auparavant signé la déclaration du clergé de 1682
» entre les mains de son archevêque, de laquelle signa-
» ture il sera fait mention dans l'acte de réquisition et
» pareillement dans l'acte de prise de possession de chaque

» bénéfice, le tout à peine de nullité desdits actes à l'é-
» gard de ceux qui se trouveraient les avoir faits sans
» avoir préalablement signé ladite déclaration. Et au cas
» que quelqu'un d'entre les archevêques ou évêques né-
» glige d'en exiger la signature, qu'il y soit contraint *par*
» *saisie du revenu* temporel de son archevêché ou évêché
» (page 238). »

CHAPITRE II

———

Jean-Pierre-François Ripert de Monclar prit aussi la parole au sujet de l'institution des jésuites. Nous présentons ici un résumé de son réquisitoire.

Ce discours a été imprimé et répandu. Mais c'est à peine s'il en reste quelques rares exemplaires que l'on cache avec soin. Notre intention avait été d'abord d'en faire une nouvelle édition, ainsi que de celui de M. de la Chalottais. Mais nous avons pensé que, pour notre illustre prédécesseur, comme pour le procureur général près le Parlement de Bretagne, un résumé clair et fidèle serait mieux accueilli et atteindrait plus directement le but que nous nous proposons, en présentant sous un cadre plus restreint l'ensemble de l'Institut des jésuites tel qu'il était sous l'ancienne monarchie.

M. de Monclar, après avoir exposé l'état de l'opinion publique, cite un arrêt de la Sorbonne qui, dès 1554, condamnait cette inquisition.

Voici le portrait qu'il fait du pape Paul III, sous lequel l'ordre fut fondé :

« Paul III voulait être monarque absolu de l'Église, in-
» faillible, supérieur au concile et aux canons. Il croyait
» être en droit d'assujettir tous les princes par son pou-
» voir au moins indirect. »

Le procureur général montre ensuite comment ce pontife se trouva disposé à accepter les offres d'Ignace de Loyola, et comment, sous le manteau de la religion, c'était une milice toute dévouée aux intérêts matériels du saint siége qui se fondait. Ce n'était pas tant le royaume des cieux qu'il fallait faire gagner aux hommes que le pouvoir terrestre qu'il fallait à l'ambition de Rome.

« L'institution de cette milice a donc été une conjura-
» tion contre nos libertés ; cet étendard est levé contre
» nos maximes. Chez les jésuites, l'engagement est irré-
» vocable ; l'esprit de corps le perpétue lors même que
» les particuliers commencent à être désabusés dans le
» fond de leur âme.
» Il en est de même de l'immunité prétendue des clercs
» et des réguliers et de leur indépendance de toute puis-
» sance temporelle. L'immunité exempte pleinement de la
» justice royale les biens et les personnes des clercs et des
» réguliers. Cette exemption n'est pas simplement en eux
» une dispense d'obéir, car cette dispense serait illégi-
» time.
» Si le droit de commander subsistait dans le prince

» séculier, ce serait une privation dans le souverain pon-
» tife et une cessation du pouvoir absolu de commander.
» Bellarmin, Becaw, Molina, Suarez, tous reconnaissent
» ce principe comme la base de leur institut.

» *Emmanuel Sa en a tiré la conclusion que le clerc qui*
» *tue son prince n'est pas criminel de lèse-majesté.*

» Mais, » ajoute le chef inexorable du ministère public, « dans les éditions subséquentes des œuvres de ce
» docteur, on a retranché cette proposition.

» Les clercs et réguliers de la compagnie se déclarent
» donc affranchis de toute souveraineté temporelle. Ils ne
» sont soumis à aucun tribut et ne doivent reconnaître ni
» lois ni tribunaux étrangers. On ne peut, d'après leurs
» statuts, les soumettre à·l'observation des lois par des
» peines, ni les citer devant les tribunaux, parce que
» l'État n'a point contre eux de force coercitive (1). »

M. de Monclar s'étend ensuite sur un point dont nous
n'avons pas à nous occuper longuement dans ce résumé,
qui dégénérerait en polémique sur le droit canon. Il
prouve que l'ordre des jésuites a été, dix-huit années
après sa fondation, en contradiction avec les décisions des
conciles et les bulles papales. Mais il ne soulève ici qu'une
discussion sur le droit de prêcher, d'administrer les sa-
crements, de célébrer le saint sacrifice de la messe, de
s'affranchir sans dispenses de certains devoirs tels que la

(1) La preuve en est que, soit au Parlement de Bretagne, soit à celui d'Aix,
les jésuites, bien que régulièrement cités, refusèrent de comparaître et même
de se faire représenter.

prière, les jeûnes, etc., toutes choses que les jésuites
s'étaient, de par leurs constitutions postérieures, arrogés
le droit de faire sans l'autorisation des évêques diocé-
sains.

ÉTABLISSEMENT.

« Dès que cette milice fut approuvée et qu'elle entra
» en exercice, il fallut bien qu'elle fut autorisée à s'établir
» partout. *C'est pourquoi ces établissements n'ont pas be-*
» *soin d'autorisation spéciale; ils peuvent être faits contre*
» *le gré des souverains et des évêques.*

» L'état de la Société est indéfinissable et n'a pour tout
» apanage que des fonctions qui ne lui appartiennent pas
» et pour tout droit que la volonté de tout faire et de ne
» rien laisser faire aux autres. »

INSTALLATION EN FRANCE (ACTE DE POISSY). — EXPULSION DES JÉSUITES.

« Peignons à présent cette compagnie méditant sa
» première invasion en France.

» L'État de la religion et celui du gouvernement d'alors
» favorisèrent son entrée. La réclamation fut générale,
» mais elle fut étouffée par les circonstances. On usa ce-
» pendant de quelques tempéraments. Les jésuites appor-
» taient avec eux leur institut, leurs priviléges et leurs
» maximes. — L'institut pieux au delà des monts et inad-
» missible en France fut rejeté. — Les priviléges paru-

» rent *aliénés de raison;* on lui ôta jusqu'au nom qu'elle
» usurpait; on lui laissa sa politique et ses maximes que
» rien ne peut déraciner : c'était ne rien faire, le danger
» principal de la Société est dans l'esprit de corps; ses
» maximes ramènent toujours son institut et ses privi-
» léges. — L'*acte de Poissy* ne fut observé du reste en
» aucun point. On voulut jouir des priviléges et on en
» obtint de nouveaux. On entreprit des universités, on
» dépouilla les pasteurs, et le feu de la ligue étant allumé
» par leurs soins et leurs menées, ils régnèrent dans cet
» affreux désordre.

» En 1594, l'Université (1) et les curés se plaignirent
» de toutes sortes de contraventions au décret de récep-
» tion. Le procès demeura longtemps indécis; enfin la
» Société fut expulsée et l'on éleva une pyramide comme
» un monument durable qui devait être un éternel
» obstacle à son rappel. »

LEUR RÉTABLISSEMENT (ÉDIT DE 1603).

« Neuf ans après, les jésuites furent rétablis. L'histoire
» indique assez clairement, ce qui est à peine croyable,
» qu'ils furent rappelés au même titre qui les avait fait
» chasser, la crainte de leurs attentats. Ce rétablissement
» a causé bien des maux à la France sans qu'elle ait re-
» cueilli dans le temps le prix qu'on en attendait.

» Les jésuites prétendent que l'édit de 1603 contient

---

(1) Elle s'en plaignit déjà en 1564 (voy. Pasquier, *Rech. de la France,*
l. III, ch. LIV, p. 345).

» pour eux une ampliation de grâces. Au reste, il n'a ja-
» mais été enregistré en Provence. Ils y paraissent comme
» des coupables auxquels on pardonne. Le pape lui-même
» en jugeait ainsi, puisqu'il écrivait au roi *qu'ils devaient*
» *être contents de la grâce qu'il leur faisait.*

» Au reste, diverses conditions leur furent imposées :

» 1° *Ils ne pourront dresser aucun collége ou résidence*
» *qu'en certaines villes sans permission expresse du roi ;*

» 2° *Aucun jésuite étranger ne pourra être admis ni*
» *avoir place en leurs colléges et résidences dans le*
» *royaume ;*

» 3° *Un jésuite français devra toujours être auprès du*
» *roi pour* RÉPONDRE DES ACTIONS DE SA COMPAGNIE ;

» 4° *Tous les jésuites devront* prêter serment par devant
» les officiers du lieu de ne rien faire contre le service
» du roi, la paix publique et le repos du royaume.

» Les articles 5 et 6 ont pour objet de *prohiber l'acqui-*
» *sition d'immeubles,* MÊME PAR ACHAT, *sans permission du*
» *roi. De les empêcher de recueillir des successions après*
» *leurs premiers vœux.*

» L'article 7 porte qu'ils seront justiciables des officiers
» du roi.

» Pourquoi, s'écrie M. de Monclar, pourquoi rappeler
» ceux dont on se défie et contre lesquels on prend tant de
» précautions ? Le motif est évident, c'est parce que la
» défiance est poussée jusqu'à la crainte. »

Le Parlement refusa d'abord d'enregistrer cet édit de
1603. Il obéit avec douleur sur les lettres de jussion
d'Henri IV, dans lesquelles ce monarque s'exprimait

ainsi : « Nous ne nous sommes EMBARQUÉS à ce rétablis-
» sement que sur de très-bonnes et de très-fortes consi-
» dérations. » Ainsi, le grand roi voyait que c'était un
» *embarquement ;* le Parlement le voyait aussi. On crai-
» gnait les intrigues des jésuites en les admettant ; on ré-
» doutait leur colère en les écartant. Le choix entre ces
» deux dangers fut malheureux. L'expérience a fait voir
» quelle est la meilleure politique.

» D'autre part, le clergé de France improuve un insti-
» tut qui lève l'étendard contre nos libertés et contre tous
» les droits du ministère ecclésiastique, qui voue les reli-
» gieux à la défense des fausses prétentions de la cour de
» Rome, qui assigne à des clercs réguliers des fonctions
» propres à des pasteurs. »

OPINION DU PAPE SUR LES JÉSUITES.

« Bellarmin disait (1) que le pape voulait et pouvait
» condamner l'opinion des jésuites, mais qu'il ne le ferait
» pas. Le même pape, toujours occupé à les réprimer, les
» a loués souvent en public et plus souvent encore censu-
» rés en secret et dans les entretiens particuliers.

» Ceci explique les contradictions frappantes de plu-
» sieurs papes sur le compte de la Société. *Le pontife est*
» *souvent mécontent de sa morale, de son esprit d'orgueil*
» *et de domination.* ON CRAINT SES intrigues, même à Rome ;
» on aime ses services. »

(1) *Hist. congr. de auxiliis,* l. II, chap. XXIII, . 311.

CONSIDÉRATIONS SUR L'ESPRIT DE LA COMPAGNIE.

« Il est déplorable qu'il existe un ordre destiné à mé-
» connaître la constitution de l'Église et à confondre sa
» hiérarchie ; un ordre qui doit son origine, son institut,
» ses fonctions, son être, ses priviléges, sa puissance, à
» des opinions fausses et superstitieuses, qu'il s'est engagé
» de défendre de toutes ses forces.

» L'esprit qui a introduit ces systèmes si contraires à
» l'ancienne tradition est le même qui anime la Société et
» qui a présidé à sa naissance. »

ENSEIGNEMENT.

« L'Assemblée de Poissy n'avait point reçu les enfants
» d'Ignace pour enseigner. Leurs colléges n'étaient que
» les maisons des écoliers de l'ordre, et ils devaient être
» sous la surintendance et juridiction des évêques. Main-
» tenant, ils sont gouvernés immédiatement par le géné-
» ral. L'éducation de la jeunesse n'est plus sous l'inspec-
» tion de l'État, elle est sous la direction d'un religieux
» ultramontain et d'un monarque étranger.

» Mais comment des hommes aveuglés osent-ils publier
» que cela est nécessaire pour maintenir l'ordre dans le
» royaume ?

» Les universités sont, par nos lois, les sources de l'en-
» seignement public, la police des études est sous l'inspec-
» tion immédiate du souverain et de ses officiers. On veut
» par cela même les rendre suspectes.

» Les jésuites sont des intrus. Ils ne se sont introduits
» en France que sous prétexte de venir y étudier, et l'on
» prétend que leurs leçons nous sont devenues nécessaires!
» Il faut, dit-on, qu'un étranger préside à l'éducation de
» nos enfants pour les rendre vrais Français, et la nation
» perdra ses principes si elle est abandonnée à l'enseigne-
» ment national. C'est outrager le gouvernement, la ma-
» gistrature, les universités et les lois. O délire du fana-
» tisme ! O opprobre de la raison ! O douleur pour la
» magistrature ! »

Le procureur général, après ces nobles et véhémentes
accusations, cite de nombreux procès intentés aux jésuites
par les universités sur les priviléges desquelles ils empié-
taient, et constate que c'était un puissant moyen. d'ac-
croissement pour elle que de se. rendre maîtresse de
l'éducation de la jeunesse dans les colléges et de l'instruction dans les universités.

PAUVRETÉ SIMULÉE DES JÉSUITES.

« On est étonné de trouver parmi les moyens d'accrois-
» sement de la Société le soin d'y maintenir la pauvreté.
» Cette pauvreté joue un étrange rôle dans les constitu-
» tions des jésuites. Tous en particulier en font le vœu et
» conservent la propriété de leurs biens après leurs pre-
» miers vœux jusqu'au moment où ils font profession so-
» lennelle.
» Le fait est que les jésuites n'ont pas voulu céder aux

» ordres mendiants l'honneur d'une pauvreté absolue et
» volontaire. Ce corps est mendiant, il est voué à la pau-
» vreté, de même que les particuliers. Les jésuites ne pos-
» sèdent rien en commun, mais cette règle a une restric-
» tion : les colléges, noviciats et résidences peuvent être
» riches et posséder des biens immeubles et rentes fixes.
» Les seules *maisons professes*, qui font à peine 1 sur 100,
» ne peuvent rien posséder, ce qui est pourtant mitigé
» par bien des exceptions. On allie par ce moyen l'utilité
» des richesses avec le mérite et la gloire de la pau-
» vreté. »

« La Société Professe, qui est la vraie Société, repré-
» sente l'ordre. Elle doit vivre d'aumônes, elle se con-
» tente de régir les richesses des maisons et colléges.
» L'ordre peut donc étaler sa pauvreté dans le sein de
» l'opulence. »

CORRESPONDANCE.

« Le général des jésuites reçoit des quatre parties du
» monde une multitude innombrable de lettres et des re-
» lations périodiques qui le mettent au fait de ce qui se
» passe, non-seulement dans son ordre, mais encore dans
» tout l'univers. Il gouverne tout par lui-même, il voit
» tout par ses yeux, à quelque distance que les objets
» soient placés ; on l'instruit dans des temps réglés et à
» point nommé de tout ce que les jésuites projettent, opè-
» rent, craignent et désirent en corps et en particulier,
» de tout ce qu'ils font quand ils vont chez les grands, de
» tout ce qu'ils apprennent, de tout ce qu'ils savent, en

» un mot de tout ce qui regarde la Société directement
» ou indirectement, et même de ce qui ne la regarde
» pas. »

« Mais on observe de lui écrire en chiffres lorsque les
» externes sont intéressés. Cette correspondance est éta-
» blie entre le général et tous ses sujets, le provincial et
» tous ses inférieurs et de province à province. On n'en a
» pas trouvé la moindre trace dans les maisons de cette
» province : elle n'en est que plus suspecte.

» Il faudrait être bien crédule pour se persuader que
» tout cela n'a pour objet que d'entretenir la charité et
» l'amour mutuel dans la société.»

OBÉISSANCE ET SOUMISSION.

« L'obéissance aveugle est le lien principal de cette
» union politique qui rend la Société inébranlable. Elle
» est en même temps le puissant ressort qui fait mouvoir
» ce grand corps avec tant de vitesse et de légèreté.

» C'est de mauvaise foi qu'on voudrait établir une com-
» paraison avec les autres ordres. Les jésuites doivent
» abandonner leur libre arbitre au supérieur.

» Les constitutions vont même plus loin, elles veulent
» que l'inférieur cherche à se convaincre intérieurement
» que l'acte commandé est juste et raisonnable. Mais le
» sublime de la perfection, c'est qu'on avertit en même
» temps que le supérieur peut manquer de lumières et de
» prudence, et même de probité. Rien de plus capable de
» gâter l'esprit que les efforts pour se persuader que les

» offres d'un factieux ou d'un visionnaire sont justes et
» raisonnables.

» Cette maxime cependant cesse en deux cas : lorsque
» le supérieur commande hors la règle et lorsque le tiers
» se trouve intéressé.

» Toute obéissance est limitée par la règle.

» Les jésuites prétendent que leur règle s'étend à toutes
» les actions morales et à tous les actes possibles pour le
» secours du prochain. Elle n'a point de bornes. Négocier
» une alliance entre souverains est même, selon Suarez,
» une œuvre comprise dans la fin de l'institut, *d'où il con-*
» *clut que le cas où un jésuite serait dispensé d'obéir est*
» *métaphysique.* La mission est universelle : elle est leur
» règle. Le supérieur jésuite ne peut ordonner contre la
» règle, il n'y en a point, il ne peut ordonner au delà de
» cette règle, elle s'étend à tout. Comment la religion
» a-t-elle pu servir de prétexte pour introduire des choses
» aussi étranges ?

» Je dis, au contraire, qu'il n'est pas permis de céder
» le domaine de son entendement à un mortel qui n'a
» d'autre règle que sa volonté. C'est un fanatisme com-
» plet que de vouer une obéissance aveugle à une règle
» vivante qui n'est déterminée par aucune règle écrite.
» Cette obéissance est indirecte pour soi-même, elle est
» injuste pour le tiers lorsque son intérêt est en jeu ; il
» l'est toujours dans les fonctions que les jésuites exercent;
» ils se disent consacrés à procurer le salut de toutes les
» âmes par toutes sortes de moyens, *quibus cumque con-*
» *siliis.* Ils sont répandus dans les cours, ils ont des rap-
» ports avec toutes les sociétés et avec toutes les familles.

» Ils se mêlent de tout dans l'univers, et dans cet océan de
» leurs fonctions, ils promettent une obéissance aveugle,
» universelle, précipitée, sans réflexion. »

« Ce sont des cadavres et des bâtons qui dirigent les
» rois et les peuples, et ces êtres inanimés volent tête bais-
» sée au secours du corps entier de la religion. »

AMBITION DES JÉSUITES.

« Muto Vittelleschi se plaint de ceux qui s'insinuent
» dans l'amitié des princes pour faire agir le général au
» gré de leurs désirs. Aquaviva avait averti les jésuites
» qu'on les soupçonnait de vouloir donner le branle à tous
» les événements importants. Vittelleschi ne leur déguise
» point qu'on les accuse universellement de vouloir gou-
» verner partout, d'être superbes et politiques plus que
» chrétiens et religieux.

» Grotius observe qu'ils règnent dans les cours. Il
» ajoute un éloge remarquable, c'est qu'ils tiennent un
» juste milieu entre la bassesse et l'arrogance. Saint
» Ignace leur annonce que leur ministère est royal et qu'il
» n'y a rien de pareil ni parmi les hommes ni parmi les
» anges. Aquaviva se plaît à décrire les magnificences du
» temple de Salomon qu'il dépeint comme le plus riche
» ouvrage d'une architecture divine; il en fait ensuite un
» parallèle exact avec l'édifice superbe de la Société, il
» enivre tous les jésuites de ces idées flatteuses.

» La Société étant destinée à pénétrer dans les cours
» et à se mêler des affaires des princes, on a voulu qu'elle

» fût neutre, ou pour mieux dire indifférente dans toutes
» leurs querelles et leurs guerres. Cette règle n'est pas
» faite pour les particuliers. C'est une maxime d'État
» pour la Société, nation indépendante répandue dans
» tout l'univers et qui, ne connaissant que ses lois et que
» son intérêt, doit être indifférente sur les querelles des
» autres. »

APPEL COMME D'ABUS.

« Il ne me reste plus qu'à parcourir les différents
» chefs de mon appel comme d'abus. J'ai dit : 1° *Que*
» *l'institut était attentatoire à l'autorité des conciles gé-*
» *néraux ; 2° à l'autorité du saint siége ; 3° à l'autorité*
» *des évêques ; 4° à l'autorité des souverains.*

» Le second chef d'abus est l'autorité absolue, univer-
» selle du général. C'est l'Institut en entier. Celui qui
» commande est transformé en Dieu, ceux qui obéissent
» en brutes.

» Le troisième ne peut être nié. Les paroles de mes
» conclusions sont fidèlement extraites de l'Institut.

» Le quatrième est convenu en fait ; il s'agit de savoir
» s'il y a abus dans les vœux.

» Le cinquième est prouvé par les exceptions mises au
» vœu de pauvreté, exceptions qui établissent la mendi–
» cité dans le sein des richesses ; par la défense de se
» mêler des affaires de ce siècle.

» Le sixième est évident. Les jésuites ne peuvent nier
» l'absurdité de ces priviléges ambitieux.

» Le septième, qui regarde la sûreté de la personne

» des rois, est prouvé par les textes cités au bas de l'arrêt
» semblable du Parlement de Paris. Il est justifié par les
» livres des jésuites et par leur conduite.

» J'ai prouvé que l'Institut était essentiellement répu-
» gnant au droit public du royaume, directement opposé
» à la religion chrétienne, incompatible avec les prin-
» cipes fondamentaux de toute société civile, et qu'il avait
» déterminé nécessairement cette morale corrompue des
» jésuites.

» Ce n'est pas assez de qualifier d'abusif un pareil
» institut; il est pernicieux, il est effrayant. Je renouvelle
» donc mon appel comme d'abus de l'assemblage mon-
» strueux de tant de parties défectueuses que j'ai tâché
» de rassembler dans mes conclusions définitives. »

CONCLUSIONS.

« Et de même suite je requiers que lesdits jésuites se-
» ront déclarés inadmissibles, même à titre de société
» et de collége, ce faisant qu'ils seront et devront être
» exclus à perpétuité du comté de Provence, irrévoca-
» blement et sans aucun retour, sous quelque prétexte
» et dénomination que ce soit. Qu'il sera dit que la Cour
» gardera et observera à perpétuité les dispositions de
» l'arrêt qui sera rendu en tout ce qui concerne l'exclu-
» sion définitive et absolue desdits Institut et Société du
» comté de Provence, comme un monument de sa fidé-
» lité à la religion et au roi, et comme une maxime in-
» violable dont elle ne pourra jamais se départir sans

» manquer à son serment et aux devoirs que lui inspirent
» la sûreté de la personne sacrée des rois, l'intérêt des
» bonnes mœurs, celui de l'enseignement public et de la
» discipline de l'Église, le maintien du bon ordre et de
» la tranquillité publique, à l'effet de quoi le recueil im-
» primé à Prague, en 1757, restera au greffe civil de la
» Cour, pour y servir de titre et de preuve perpétuelle
» des vices dudit institut. Que très-expresses inhibitions
» et défenses seront faites à toutes personnes de proposer,
» solliciter ou demander en aucun temps, ni en aucune
» occasion, le rappel et le rétablissement de ladite Société,
» à peine, contre ceux qui auraient fait lesdites proposi-
» tions, ou qui y auraient assisté et acquiescé, d'être pour-
» suivis suivant la rigueur des ordonnances, comme per-
» turbateurs du repos public et traîtres à leur roi et à
» leur patrie. »

CHAPITRE III

LE PROCUREUR GÉNÉRAL DE LA MONARCHIE CONSTITUTIONNELLE.

Sera-ce donc aujourd'hui, après de tels réquisitoires et les arrêts qui les ont consacrés, sera-ce en vieille cité parlementaire où s'édicte encore la justice souveraine, qu'on verra toute une grande levée de boucliers contre l'ancien chef du ministère public qui n'a voulu agir que dans l'intérêt de la justice bien entendue, et qui défend aujourd'hui et lui-même sa propre cause ?

Personne n'a compris ce qu'est encore et ce qu'a été pendant toute sa vie ce magistrat survivant à tous ceux de son temps, imbu des anciennes et éternelles traditions de la justice et du droit, qui veut s'opposer comme une digue vivante et inébranlable au flot toujours montant du jésuitisme qui déborde de toutes parts.

On a su longtemps se taire, et dédaigner des attaques plus ou moins méprisables : —Rien ne nous fera varier en

devise si connue octroyée par une illustre amitié : *immo-
tus, in motu...*

On a donc pendant longtemps laissé couler les eaux
sales et bourbeuses de la calomnie envieuse, désappointée
et jésuitique. On a dédaigné ces attaques à une vie privée
si honorable et qui devrait être si honorée. Mais nous
n'avons pas moins compris dans quels ateliers se forgeaient
ces traits de Parthe, dans quels esprits se concevaient les
plans d'agression contre nos projets, nos idées et nos
actes.

On comprend aujourd'hui donc facilement que nous
tenions enfin à mettre un terme à cette lutte inutile, en
affirmant hautement la persistance de nos projets et en
démasquant en face de nous même les machinistes et
les meneurs de tout bruit.

C'est dans le jésuitisme que nous en trouverons les
premières causes, dans cette haine religieuse contre un
parti jusqu'ici opprimé et libéral.

Qu'y a-t-il donc de plus facile pour nous que d'entrer
en matières sur la question du jésuitisme lui-même ?

Quoi de plus naturel que de comparer l'état de la France
sous l'ancienne monarchie et l'état où nous en sommes
maintenant, après plus d'un siècle et tant de révolutions ?

Les Parlements du nord et du midi, les magistrats de
Provence et de Bretagne, d'illustres défenseurs des libertés
gallicanes, tout a disparu, tout a été anéanti, il n'en
reste plus trace.

Réquisitoires et arrêts imprimés dans leur temps, répandus avec la profusion qu'exige tout succès, avec la

publicité commandée par les arrêts eux-mêmes, sont aujourd'hui soustraits à tous les yeux et défient toute recherche.

Ce qui est certain, c'est que nous mettons au défi de trouver un seul volume de ces ouvrages en bibliothèque quelconque ou chez quelque marchand que ce soit.

Mais ce n'est pas tellement en demeures particulières que de telles déprédations ont eu lieu. La razzia jésuitique n'a pas même respecté la plus inviolable de toutes les forteresses. Un crime, un grand crime a été commis, et c'est celui qu'il faut dénoncer aujourd'hui et à jamais.

Qu'y a-t-il, en effet, de mieux sauvegardé, qu'y a-t-il de plus inviolable que les archives de la justice elle-même? Qui aurait jamais eu la pensée de pénétrer dans le greffe d'une cour souveraine et d'en soustraire toute une procédure, réquisitoires et arrêts?

Cet énorme dossier, que nous avons plusieurs fois compulsé pendant les longues et difficiles années de notre haute magistrature, a aujourd'hui disparu.

Après des ordres donnés et des recherches opérées par qui de droit, nous avons en notre possession la preuve écrite et authentique de ce forfait.

C'est en Provence seulement que pareil crime a été tenté et perpétré. En Bretagne, la preuve authentique de la condamnation des jésuites a été respectée ; personne à Rennes n'a osé porter la main sur les archives sacrées de la justice.

N'est-ce point parce que la Provence, plus rapprochée du centre jésuitique, accueille plus facilement les excès des passions malsaines, tandis que la Bretagne est plus forte et n'est séparée que par un bras de mer de la nation la plus libérale et qui comprend le mieux le respect qui est dû aux arrêts de la justice?

Mais si ces forfaits ont été jusqu'ici cachés à tous, il appartient à nous, encore debout, la cravache et la mercuriale en main, de mettre à nu ces menées odieuses et de jeter le jésuitisme dans une impasse dont la publicité ne lui permettra pas de sortir.

Ce fut ensuite jusque dans notre musée que leurs outrages publics se sont encore exercés. Le portrait de Monclar avait été offert par un des notables des meilleurs rangs de la cité. Cette noble et digne image fut également enlevée de sa place et reléguée dans les combles avec ce qui déplaît, avec ce qu'on ne doit plus voir, avec ce qu'il faut oublier. Comme de raison, il échut au survivant des successeurs de Monclar de réparer une pareille profanation, et, grâce à nous, le don offert par un noble voisin du procureur général au Parlement fut replacé tel qu'il devait l'être.

Mais après avoir parlé des images, pourquoi ne pas songer aux familles de ces hauts magistrats? Ces souvenirs et ces réflexions ne sont pas toujours sans amertume et sans regrets, lorsque de la Provence elle-même nous jetons un regard vers le nord, et que nous y trouvons les la Chalottais conservés dans leur meilleur rang et jusqu'à l'Académie française.

Si la distance qui nous sépare ne nous permet pas de scruter de pareilles alliances, il serait par trop pénible de jeter autour de nous des regards si affligeants pour les doctrines qu'ont, ici-bas, soutenu leurs auteurs. Si notre ·Monclar n'a pas été oublié dans une amitié de voisinage qui a conservé le mérite des meilleures traditions, serait-ce, là, surtout dans nos affections et relations de famille, que nous éprouverions ces amertumes de la vie, puisque ce serait ostensiblement et par le fatal attrait du jésuitisme que se perdraient des traditions si nobles et si dignes.

Nous avons précédemment présenté sous la forme de résumés l'œuvre la plus saillante de ceux qui, les premiers, élevèrent une voix magistrale et mercuriale contre le jésuitisme. De notre côté, nous allons dans ce troisième chapitre, en faisant des résumés partiels de notre ouvrage sur *La justice et les juges* et des *annexes* qui en sont la suite, formuler notre plainte et indiquer le moyen d'y faire droit.

Au reste, pour connaître l'histoire de cette lutte religieuse, il faut évoquer des souvenirs et y trouver la cause de ce qui se passe actuellement. La France, d'une nature si oublieuse, n'aime pas qu'on rafraîchisse sa mémoire, et, si elle ne lit guère dans son présent, elle relit encore moins dans son passé. Bien qu'on lui marchande la presse, elle n'est pas encore portée ni trop disposée à vouloir réformer ses habitudes et ses mauvais instincts. Il ne faut pas croire cependant, qu'en pays si mobile, un temps ne doive venir où le monde sortira de l'état de prostration morale dans lequel il est tombé. S'il est encore quelque tête endurcie, quelque caractère enroidi dans l'enceinte fortifiée de la justice, ne faut-il pas qu'elle-même, de son présent et des traditions nouvelles, se conforme aux doctrines que lui a léguées notre illustre prédécesseur.

Ce n'est pas sans raison que nous nous glorifions d'avoir été, pendant vingt ans, le successeur du procureur général de Monclàr; ce n'est pas en vain non plus que nous jetons un regard sympathique du côté de la Bretagne pour démontrer que du nord au midi, la France cherchait, avec la même ardeur, à s'affranchir de cet ennemi étranger qui ne cesse de vouloir la domination et d'exercer, grâce à elle, l'immoralité de ses funestes doctrines.

Nous avons admiré tout ce qui a pu être fait vers le milieu du siècle passé par nos anciens prédécesseurs, nous en reproduisons des résumés qu'on ne jugera ni sans motif ni sans profit. Après ces extraits exacts et fidèles, espérons dans les idées nouvelles, ayons confiance dans un projet si simple et dans des théories que l'avenir verra peut-être se réaliser. Si les juges *ne sont plus ce qu'un vain peuple* pense, si, alors que la nation ne cesse d'être légère et vaine, elle ne produit rien de consolant et de vrai, s'il n'y a partout qu'orgueil et aspiration au pouvoir, faut-il que nous soyons obligés de suivre le courant, et tout cela devra-il nous empêcher de dire, d'écrire et surtout d'agir comme nous l'entendons? Les anciens parquets, les Monclar et les la Chalottais n'eurent à combattre que pour la grande cause; ils attaquèrent, dépouillèrent et dévoilèrent toutes les institutions d'un corps vieilli, immoral. Et nous, nous qui sommes tous, plus ou moins honnis, dans le monde, poursuivis à outrance de tous côtés, pourrons-nous trop nous indigner et ne pas jeter un coup d'œil mercurialiste, autour de nous, pour indiquer comment cette milice hostile se soutient et augmente ; comment, minés, ruinés dans nos maisons, nous voyons peu à peu s'éteindre les grands noms et les grandes traditions du passé.

Lorsque, président d'un tribunal inférieur de répression, je fus appelé à la tête du parquet de la juridiction supérieure, mon premier mouvement fut de refuser à quitter le siége que j'occupais jusqu'à ce que le rôle des causes inscrites fut épuisé et que les vacances de septembre fussent commencées.

Le premier abord avec le nouveau ministre de la justice donna lieu à une assez vive discussion qui se termina par une réconciliation cordiale.

« *Vous ne voulez donc pas contribuer à conserver le* » *régime que, déjà, par votre indépendance, vous avez aidé* » *à fonder dans le midi ? Je ne puis accepter de refus de* » *votre part. Croyez-vous donc, Monsieur le procureur* » *général, que je sois ici pour mes menus plaisirs, au mi-* » *nistère de la justice ? Il y aurait de la lâcheté de votre part* » *à nous refuser un concours sur lequel nous avons tout* » *particulièrement compté.* »

« Monsieur le Ministre, l'ami de Manuel qui, sous la » Restauration, montra le plus de courage, l'intime de ce » Bas-Alpin qui signala à la tribune cette *répugnance* si » profondément nationale par l'anathème le plus français » de l'époque, votre nouveau procureur général, M. Du- » pont (de l'Eure), ne saurait accepter le mot que vous » venez de prononcer. Vous retirerez cette expression ;

» et puisqu'il le faut, je serai désormais le mandataire
» direct d'un souverain constitutionnel et de son gouver-
» nement libéral. »

En suivant toutes les phases de mon administration
depuis le jour où je prêtai serment de fidélité jusqu'au
jour de ma disgrâce, j'ai eu à me demander, en mon âme
et conscience, comment j'avais agi dans les devoirs les
plus rigoureux, dans les situations les plus délicates
que me firent les plus hautes fonctions dont j'étais in-
vesti. Et à chaque occasion, dans les affaires où le jésuitisme avait montré le plus d'habileté et où j'avais eu à
lutter contre lui, j'ai toujours rencontré cette satisfaction
qui provient du devoir accompli. C'est cette satisfaction
qui est le bonheur le plus intime et le mieux senti de
pouvoir allier la justice bien réglée à l'humanité, à tout
ce qu'elle exige de nos jours.

Dans la plus grande conspiration du règne constitutionnel, dans cette affaire du *Carlo-Alberto* où j'eus à
procéder à l'arrestation d'une princesse de sang royal,
d'ambassadeurs, de pairs du royaume, de militaires de
tout grade et jusqu'au portefaix Esig, alors que quarante
prisonniers étaient sous les verrous, je reçus la visite
empressée de toutes les autorités et notabilités marseil-
laises. Un des assistants, plus exalté que les autres, s'é-
cria : « Oui, M. le procureur général, notre plus judicieux
» et le plus consolant ami, oui, nous attendons de vous
» la justice la plus sévère. Cette justice qui doit enfin
» mettre un terme à nos troubles publics et maintenir la
» confiance, l'ordre, dont le commerce a tant besoin.
» Nous espérons et nous avons la certitude que dans quel-

» ques mois, l'instruction que vous avez requise sera ter-
» minée selon le vœu public, et que sur cette Cannebière
» nous verrons se dresser l'échafaud qui fera tomber ces
» têtes coupables. »

Je ne sais si les survivants se souviennent encore d'une
de ces attitudes si rares dans la vie et dans l'âme de celui
qui, souvent, n'est magistrat qu'un jour et qu'un moment.

« Messieurs, répondis-je en dominant la foule du haut
» de mon balcon, l'instruction qui commence sera con-
» duite avec toute la gravité et la prudence qu'elle exige.
» Mais si la justice du pays condamnait à des peines ca-
» pitales, votre procureur général n'en signerait jamais
» l'ordre d'exécution. Je sais tout l'horreur pour le sang et
» l'échafaud qu'éprouve le prince dont je suis le repré-
» sentant. Ma main ne s'associera jamais à un arrêt por-
» tant la peine capitale en matière politique. J'ajoute
» qu'après une instruction sévère et régulièrement pour-
» suivie, je requerrai le renvoi à une autre cour pour que
» cette affaire soit jugée dans une zone et par des jurés
» plus calmes. »

Ces expressions d'échafaud et de peine capitale furent
saisissantes. L'exaltation unanime fut calmée non-seulement par mes paroles, mais peut-être aussi par mon atti-
tude énergique qui ne permit ni le plus petit mot, ni le
plus petit geste de réprobation.

Si l'on n'a pas souvent le bonheur d'avoir dans sa vie
des occasions pareilles, de montrer un caractère qui en

élève d'autres, il faut en savoir gré à ce gouvernement qui a laissé les plus chers souvenirs.

J'aurais encore bien d'autres épisodes à ajouter à cette profession de foi. — A chaque occasion, j'étais à même d'éprouver de ces satisfactions qui réjouissent encore à quatre-vingt-six ans passés et à quarante ans de distance.

Que n'a-t-il pas fallu, du reste, employer contre les chefs d'administration pour résister à ces clameurs et au bruit public qui demandait satisfaction.

J'eus à rompre plus d'une lance lorsque l'on voulait procéder à l'arrestation immédiate d'un noble ami que je venais de visiter dans son château de Saint-Menet, et que j'avais trouvé traduisant *Le nozze di Manzoni*.

Cette mansuétude de justice répressive dut finir par tant de déplaisirs et de contradictions aux autres autorités civiles et militaires, qu'à mon cinquième refus je fis cette réponse au ministre de la justice :

« Je ne dois pas rendre le service du roi ridicule ni
» odieux. Je connais mon ressort et mes attributions. Mais
» devant le public et les bienséances nécessaires, je me
» refuse à toute autre exigence, ne fût-elle qu'une simple
» intimidation. »

J'écrivais ainsi en présence du comte d'Houdetot, aide de camp du roi, qui voulait précéder cette dépêche et arriver à temps à Paris pour assurer de nouveau de ma détermination bien arrêtée, de ne faire aucun acte qui ne fut rigoureusement nécessaire et conforme à la justice.

Pourquoi ne pas terminer les réminiscences de ce fameux complot par un dernier trait qui n'est, certes, pas le moins curieux à connaître.

Le soir que l'on attendait à Aix la décision du jury de Montbrison, il y avait grande réception chez le procureur général. — Dans ses salons étaient accourues toutes les notabilités de la ville. A la porte et dans le vestibule attendaient les intéressés, les affiliés de ce grand procès, anxieux d'épier l'arrivée de l'estafette que m'envoyait chaque jour le procureur général de Lyon, et qui arrivait ordinairement à ma porte vers minuit.

Dès que le gendarme se présenta, je signai le reçu de la dépêche et saluai profondément la foule qui encombrait les escaliers et qui voulut bien comprendre que les invités des salons devaient passer avant elle. Je pris d'abord communication du message tout seul dans mon arrière-cabinet, et je rentrai ensuite dans les salles de réception pour annoncer l'acquittement général de tous les accusés. Un de mes jeunes et ardents substituts crut faire la cour à son chef en désapprouvant hautement, du haut d'une chaise où il s'était hissé, le verdict du jury de Montbrison. Je le rappelai immédiatement à l'ordre en disant: « Mesdames et Messieurs, ce matin, les accusés pouvaient » être coupables. Ce soir ils sont innocents à mes yeux ; » en toute occasion et surtout chez moi, on doit respecter » les arrêts de la justice. »

Pourquoi ne pas citer encore ce fait qui prouve jusqu'à quel point les passions jésuitiques peuvent faire oublier les convenances et les devoirs de la parenté ? La plupart

des acquittés de Montbrison furent invités, par leurs adhérents en jésuitisme et en carlisme, à un banquet solennel
qui devait avoir lieu dans la ville même où leur défaite
avait été préparée et où ils voulaient se montrer en triom-
phateurs. A leur arrivée à Aix, une grande réception eut
lieu, et le plus splendide festin fut préparé avec grand
bruit à l'hôtel des Princes. La police, prévenue, fit immédiatement son rapport et demanda quelle allait être la
conduite à tenir.

« La police, répondis-je, s'écartera de l'hôtel et s'éloi-
» gnera de tout ce qui va s'y passer. Le procureur géné-
» ral ne demande autre chose que ce qui aura inévitable-
» ment lieu. Que la joie soit expansive autant qu'elle
» pourra l'être, que l'on s'agite autant que l'on voudra,
» et que cette pompeuse victoire serve de prétexte à tous
» les discours que l'on voudra prononcer et que l'on aille
» même jusqu'aux toasts les plus enivrants. »

La fête ne fut troublée que par l'exaltation d'un con-
vive de mes proches, déjà en honneur en cour romaine,
qui saisit cette occasion de manifester contre moi les plus
mauvais sentiments. Il fut rappelé à l'ordre par le chef
même du parti auquel il appartenait, peu suspect lui-
même de tendances libérales, et qui crut de son honneur
de ne point laisser outrager un magistrat absent, un des
meilleurs ami de son père et son successeur.

Monsieur le duc d'Almazon raconta la manière dont il
m'avait rencontré et rendit hommage aux égards dont je
n'avais cessé de l'entourer. Tandis qu'il était au secret

dans les prisons de Marseille, il voyait souvent passer dans la cour et près de ses barreaux une personne qu'il ne connaissait point et qui, un jour, s'arrêta devant lui. Un matin que le duc était plus pâle qu'à l'ordinaire, cet inconnu s'informa de sa santé. « Je souffre, répondit-il, et » ma tête n'y tiendra pas longtemps ; le secret est une » peine plus qu'insupportable pour qui a l'habitude de » parler et d'être écouté. » Le prisonnier fut à l'instant rassuré. — Si vous avez besoin de causer, on pourra vous donner un médecin, un chirurgien, un prêtre, une religieuse, ou même, si une autre proposition vous convenait mieux, on s'offrirait soi-même à venir, matin et soir, vous tenir compagnie, à condition, bien entendu, qu'il ne sera jamais question de votre affaire.

« Ainsi réglé, poursuivit le duc d'Almazon, ce petit » programme fut si bien suivi, il y eut si peu d'allusion » faite au procès, que ce ne fut qu'après notre transfert » de Marseille à Aix que j'ai pu connaître à qui j'étais » redevable de tant d'obligeance. Cet inconnu que j'avais » pris pour un pasteur protestant n'était ni plus ni moins » que le procureur général lui-même. J'avoue donc, » messieurs, qu'il m'est extrêmement pénible d'entendre » mal parler de ce magistrat qui, en faisant son devoir, » a su montrer envers nous tant d'égards pendant toute » la durée de notre détention préventive. »

Ce récit ferma la bouche à cet ambitieux de pareille parenté, veuf depuis peu et aspirant déjà à l'auditoriat de rote. Il avait reçu la promesse de débuter ainsi dans la carrière qui avait conduit son oncle jusqu'au cardinalat, et il ne songeait qu'à pareille chance et à pareil avenir.

Quand on est amené à une de ces étrangetés qui ne sont pas dans l'ordre actuel et qui sont si éloignées de l'usage commun, il ne saurait être défendu de jeter un coup d'œil en arrière et de s'arrêter aux choses les plus futiles en apparence, et qui ont cependant une assez grande portée.

Ce mouvement rétrospectif n'est pas sans utilité, surtout quand nous songeons à démontrer dans notre projet de réforme judiciaire la nécessité de remplacer les peines corporelles par des peines pécuniaires qui atteignent plus sûrement et plus inexorablement le but que l'on se propose. La liberté y gagne, et la répression est plus efficace.

En recevant tout récemment l'histoire d'une viguerie bas-alpine et en la parcourant avec un vif intérêt, nous trouvons quelques points de vue assez curieux et dont nous tenons à dire quelques mots, en ayant en même temps l'occasion de louer un des meilleurs magistrats de notre administration constitutionnelle (1).

Après avoir rapporté ce qui se passait dans cette viguerie et dans d'autres juridictions provençales, l'auteur rapporte plusieurs textes qui s'écartent de la formule originale. — C'est ainsi que vers 1448, il est énoncé que celui qui romprait des *arrêts au soleil* serait condamné à des peines arbitraires que le juge appliquerait suivant son bon plaisir.

(1) *Histoire de la viguerie de Forcalquier*, par M. Camille Arnaud, juge honoraire à Marseille.

« A présent, dit l'historien, ce style avait-il sa raison
» d'être ? Je ne saurais en douter. Une formule répond
» à un fait, à un besoin. Or, on ne m'ôtera pas de l'esprit
» que celle qui défendait au débiteur de s'écarter du lieu
» des arrêts *cum suis aut alienis pedibus* devait son origine
» à quelque méchant tour de passe-passe, imaginé par la
» chicane : c'est ma manière de voir, chacun en jugera
» comme il voudra. Mais quand on parle du temps passé,
» il ne faut s'étonner de rien, car on doit s'attendre à
» tout. »

Ce à quoi nous ajoutons, que quand on parle du temps
présent, s'il ne faut s'étonner de rien, on ne doit s'attendre à rien ou à très-peu de chose.

Cette étrangeté nouvelle que nous venons aujourd'hui
défendre, aboutira-t-elle à un résultat quelconque ?

Tous les faits de jésuitisme sont par nous qualifiés
crimes, *délits* ou *contraventions*. — De plus, ce ne sont
pas les délinquants que nous atteignons. Nous leur lais-
sons, au milieu de nous, toute liberté de costume et d'action. Mais les pénalités inscrites dans notre système ne
sont absolument que pécuniaires, et ne frappent jamais
que ceux dont l'influence, la recommandation ou tout
autre mode aura contribué à faire nommer à une place
quelconque, un individu atteint et convaincu de conni-
vences ou de relations jésuitiques, c'est-à-dire antina-
tionales.

Ce seront les chefs d'administrations qui répondront,
en leur âme et conscience, de tous les choix qu'ils auront
faits et des individualités qu'ils auront présentées. Au bas

de chaque présentation de candidat, ils auraient à articuler la déclaration la plus formelle que l'aspirant n'a aucune attache avec les jésuites, soit par son éducation, soit par sa famille, et qu'on aurait, au besoin, à présenter toutes preuves à l'appui.

Ces formalités deviennent de plus en plus nécessaires, aujourd'hui surtout qu'il est avéré et reconnu de tous que l'Institut pousse ses adhérents aux honneurs et au pouvoir, et qu'être de la Compagnie tient lieu de talent, d'instruction, de caractère et de moralité.

CHAPITRE IV

§ 1er.

LES AVOCATS.

Dans notre première annexe sur *La Justice et les Juges*, qui s'imprimait à Paris au commencement de l'année dernière, il ne nous parut pas d'une nécessité impérieuse de faire arriver une œuvre qui eût eu cependant toute l'utilité qu'elle méritait.

Mais lorsqu'il y a plus qu'une nécessité ordinaire, lorsqu'il s'élève chaque jour devant nous en jésuitisme restauré, cette monstruosité, qui ne veut pas seulement reprendre ses droits, mais qui veut surtout les mieux accentuer, les accroître, les faire triompher plus que jamais, il ne peut plus y avoir de retard ni d'objection pour tenir sous le boisseau, non quelques aperçus du jésuitisme régénéré, mais les puissants reflets répandus et triomphants sur tous les corps constitués et sur toutes les agglomérations instituées et envahissantes plus que jamais.

Cette première annexe a dû affronter de prime abord ce corps si renommé jadis par son indépendance et qui, aujourd'hui, a tant perdu à être dirigé et séduit par l'ennemi acharné de toute indépendance et de toute noblesse de caractère.

Également ornée d'une photographie et d'autographes qui sont les témoins les plus irrécusables, alors qu'on place sous les yeux des lecteurs les deux physionomies des avocats les plus célèbres de France et d'Angleterre, il faudrait distinguer au premier coup d'œil ce qu'on devrait attendre en indépendance et en caractère des premiers talents des peuples les plus éclairés.

Quoi qu'il n'y eût pas nécessité absolue de démasquer aussitôt une jeune et trop impatiente ambition fortifiée d'une de ces ambitions de famille que le prince de la politique, Talleyrand, appelait « capables de tout », il n'en fallait pas moins saisir sur l'heure et en faits flagrants le jésuitisme dans cette première et audacieuse effronterie.

Qu'on lise donc ce qui devrait déjà avoir été relu ; nous ne reviendrons pas nous-mêmes sur ces réminiscences d'auteur qu'a si justement dépeintes le grand poëte du grand temps :

« ..... forsan et hæc olim meminisse juvabit. »

Ce serait à ne pas y croire, car nous n'y croirions pas nous-mêmes si nous n'avions sous nos yeux (page 13) cette preuve littéralement écrite : « *ici et toujours la fin* » *justifiait les moyens*. Il s'agissait alors pour le barreau :

» 1° De faire acte d'obédience envers les chefs de la
» Cour. Leurs fils, gendres et autres plaidant habituelle-
» ment devant leur père, beau-père ou autres, il ne
» convenait pas d'attenter à la clientèle de leur jeune
» concurrent et à ses destinées, déjà caressé à la
» barre, bien venu du gouvernement et patronné de
» l'administration.

» On se taisait afin que chacun se tût ;

» 2° Mais il ne suffisait pas de se taire. Le silence n'eût
» été qu'un accommodement tacite. Il fallait témoigner
» de l'éloignement et les plus mauvaises manières à celui
» qui, devant de tels manéges, n'avait pu se contenir, et
» même dans sa studieuse retraite, avait osé gémir de
» cette atteinte portée à l'indépendance du barreau.

» 3° On dut se ruer contre celui qui rappelait au devoir.
» Nous n'avons, certes, ni su ni voulu savoir alors ce qui,
» par là, se passait à notre encontre. Nous n'avons ja-
» mais écouté aux portes ni pratiqué l'espionnage ; nous
» avons la connaissance des hommes, des temps et des
» affaires. Il n'est pas difficile alors de voir et de prévoir
» jusqu'où dut aller une jeune, impatiente et ardente
» nature entourée de vieilles ambitions, pénétrée de
» cette invariable maxime qui justifie tout pour tout
» assurer.

» Dès la transmission de notre plainte, le premier ré-
» sultat de tant d'obsessions juvéniles ne se fit pas atten-
» dre. A l'envi, chacun dut montrer son impatience et
» faire preuve de zèle devant un jeune avocat, le fils d'un
» père dont chaque membre du conseil de discipline
» voulait conserver les faveurs.

» Le conseil s'assemble et délibère le 30 juillet. Le 3 du
» mois suivant, il transmet une délibération. La missive
» qui l'accompagnait ne réflétait que trop les sentiments
» qui l'avaient dictée. Le bâtonnier est le premier jésuite
» de son ordre.

» Dans tout cet ordre, parmi son conseil de discipline,
» aucun n'aura dit un mot, fait opposition quelconque.

» Faut-il donc que l'aveuglement ait été profond !
» Quoi ! c'est à un magistrat, l'ancien chef du parquet
» qui avait pris la défense d'un ordre, que ce même
» ordre, loin de se souvenir du passé, répondait ainsi !

» Mais pendant notre longue administration constitu-
» tionnelle de la justice, sur quoi donc discourait le mi-
» nistère public dans les solennités de rentrée de la Cour ?
» La sollicitude de ses membres, protecteurs de la société,
» ne s'étendait-elle pas avec une prédilection marquée
» sur le ministère de la défense, sur la noble tâche du
» barreau ? C'est alors qu'après avoir écouté les plaintes
» des meilleurs et des plus nobles pères de famille, nous
» avisions les fils des dangers du jeu, de l'oisiveté et des
» tendances inhérentes à la localité.

» Oui, un jour plus heureux et plus calme, en redresse-
» ment de tout ce qui s'est passé dans de si mauvais temps,
» la discipline se fera dans ces conseils, recouvrant leur
» véritable dénomination et leur but si impérieusement
» nécessaire. Si donc plus tard on vient à relire ce qui est
» dans ces registres et dans les archives d'un corps devenu
» libre, on verra comment en agissait alors un ancien
» magistrat qui n'avait rien perdu lui-même de son in-
» dépendance et de son caractère. — *Je vous renvoie,*

» *Monsieur le Bâtonnier, votre lettre d'hier, trois de ce*
» *mois, avec la délibération de votre conseil.*

   » *La lettre est impolie.*

   » *La délibération est inconvenante et mal fondée.*

   » Comment le corps le plus indépendant de toute la
» société, comment le barreau de notre ville si riche au-
» trefois en grands orateurs et en éminents jurisconsultes
» qui compte encore aujourd'hui dans son sein des
» hommes dont on vante l'habileté de la parole, et dont
» on cite partout les ouvrages qui font jurisprudence,
» comment ose-t-il se montrer sous la dépendance
» d'une Société soi-disant religieuse, si solennellement
» proscrite par les arrêts de la justice locale et souve-
» raine?

. . . .

   » Pour en arriver là, et nous y sommes ici plus qu'ail-
» leurs, pour voir le peuple ramené aux carrières, aux
» anciennes institutions, à la plus funeste de toutes,
» il faut évidemment en revenir au véritable et vieil
» institut du passé, à l'institut des jésuites lui-même et
» lui seul (p. 17).

   » Mais alors, il faut maintenir l'édifice, relever les
» autels, et démontrer par les actes les plus manifestes,
» par les monuments les mieux restaurés, que la supré-
» matie des corps est toujours plus étendue, qu'elle est
» au-dessus de tout, et qu'en conséquence le jésuitisme
» règne plus que jamais, devant les yeux, dans les têtes,
» par sa domination vivace et par ses possessions monu-
» mentales (p. 17).

. . . .

» Toutes ces tendances et toutes ces réalités ne dé-
» montrent-elles pas suffisamment que les jésuites sont
» encore partout à la tête des autorités et des services
» publics (p. 19)?

. . . .

» (P. 20.) Si de cette région tant obscurcie et tant
» éblouie par de fausses lueurs, on va, non loin, aux
» officiants de tous ceux qui entourent la justice, on
» rencontre partout des traces de jésuites en première
» ligne et en lignes compactes et serrées.

» Il y aurait cependant bien à faire si l'on devait et si
» l'on voulait tout dire sur les parquets et à la barre.
» Pendant près d'un demi-siècle, on a cherché et l'on
» cherche encore un remède à ce dont nous nous plaignons
» aujourd'hui.

» Après avoir vu tant de révolutions diverses, tant de
» fortunes précipitées par la disgrâce, tant d'hommes
» méprisables élevés aux premières places; en observant
» la basse adulation des solliciteurs, la complaisance
» dévouée des parvenus, les angoisses des principaux
» dignitaires et leur souci pour se maintenir en dignité;
» tout ce qu'il a fallu souvent de dégradation, d'intrigue,
» de délation pour atteindre aux emplois; les perplexités
» où chaque mutation de gouvernement a jeté la plupart
» des fonctionnaires, quel est l'avocat qui ne doive
» s'estimer heureux de n'être jamais qu'avocat, défen-
» dant les malheureux de tous les temps, de tous les
» pays, les victimes de tous les partis, sachant se faire
» une position par l'étude et le talent, et non à l'aide
» d'une affiliation à une société que réprouvent la loi,

» la morale, la droiture, et dont on devrait, loin de s'en
» vanter, être honteux de faire partie. »

Y a-t-il eu lieu à supporter cette honte de la part d'un
bâtonnier de tel ordre et de tel conseil de discipline? Tout
a été subi jusqu'aux dernières extrémités. Toutefois, si
l'on devait se laisser aller encore à une révélation, ne
serait-ce pas pour payer un tribut d'éloges à un président
de chambre à la cour, à ce père si éclairé et si religieux
qui, à notre occasion, sut montrer le caractère le plus
libéral de la compagnie.

Le ministre voulait un jour contraindre le chef du
parquet à suivre la Cour dans les processions; n'osant pas
attaquer le ministère public dans ses principes et les traditions déjà établies, le garde des sceaux ne put avoir
recours qu'à un tour de passe-passe. Il fut donc arrêté
entre lui et le député, premier président, que la Cour
délibérerait sur les processions et que le procureur général
serait pris au lacet.

S'il n'était trop long ici d'entrer dans les détails qui
seront mieux placés aux annexes suivantes, il faut au
moins rapporter la réponse que fit ce digne président à
un indigne conseiller qui sollicitait des peines disciplinaires contre tout magistrat qui n'assisterait pas aux
processions :

« Si la Cour inflige en cette matière une peine quel-
» conque, moi, neveu et allié de cardinaux et d'arche-
» vêques, qui n'ai cessé jusqu'à aujourd'hui d'assister
» aux processions établies, je déclare me refuser totale-
» ment d'y participer à l'avenir. »

La France n'en est pas encore tout à fait amenée à ce qui vient de se passer de nos jours en ce pays si travaillé et si immuable en ces traditions jésuitiques. Le commandant carliste à Igualda vient de menacer d'une amende de 100 réaux ceux qui n'assisteraient pas à la procession du jeudi saint.

Ce qu'il y a toutefois de plus malheureux en deçà et au delà des Pyrénées comme partout, c'est la force du jésuitisme qui brise et anéantit ces sentiments qui devraient être les meilleurs éléments de respect public, du respect de la famille dans toutes les classes sociales.

§ 2.

UN NOTAIRE D'AIX.

« Fais claquer ton fouet, mon ami, c'est l'esprit de ta » nation (1). » Ce que disait de nous, il y a cent sept ans, ce piquant écrivain au postillon qui allait le conduire à Paris, est un de ces traits qui n'ont pas trop vieilli en deçà de la Manche. D'un autre côté, en rappelant aussi ce coup de fouet dans notre modeste exorde, nous trouverons peut-être, comme péroraison, un trait de notre inimitable fabuliste.

Ce n'est ni plus ni moins qu'un tout petit drôle qui, à nos côtés, initié peu à peu, jusque dans le cabinet, nous a fait plus de mal qu'un grand coquin. C'est donc lui qui va ouvrir la marche dans le récit de tous ces démêlés qui vinrent assaillir une paisible et studieuse retraite.

(1) Sterne.

Puisque c'est souvent à la source de toutes choses qu'il faut remonter, il ne saurait être inutile d'en parler, car il s'agit ici du fils du dernier et du plus conspué de notre village, voulant en être le premier.

Préparé en famille par la mère, distingué en sacristie, il allait entrer au petit séminaire, quand le père crut devoir consulter un émérite en retraite. Il fut naturellement indiqué au jeune néophyte qu'en passant par le petit et par le grand séminaire, et ensuite par les études subséquentes, ce ne serait qu'à l'âge de vingt-cinq ans qu'il pourrait secourir ses proches. En quelques années seulement, l'école normale ouvrait la carrière de l'enseignement et donnait, avec plus de certitude et moins de temps, ce qui manquait à une misérable famille.

L'avis fut suivi. L'application au travail et les renseignements donnés par le chef d'une bonne école durent amener à la pensée de faire un peu de bien et d'essayer un de ces jeunes secrétaires, pouvant un jour aider peu à peu à des travaux, qui se trouvaient arriérés et dont les circonstances sollicitaient l'assiduité de jeunes mains. Est ensuite survenue pendant plusieurs années une certaine liaison assez naturelle par suite de confidences sur des ouvrages et des projets de réforme judiciaire. Mais cette intimité n'a jamais dépassé, quoiqu'on eût pu prétendre, les limites fixées par les travaux de cabinet. Tout le reste fut soigneusement tenu à l'écart de toute promesse et de toute espérance. L'imagination ne pouvait, cependant, manquer de s'exalter : chaque fois que, par suite de travail pressant, il était, pour la commodité des heures, appelé de la table de la cuisine au coin de la table de maître, il laissait, paraît-il, s'accroître ses espérances et ses désirs.

Au bout de quelques années de ce manége, il se crut assez fort pour établir un siége en règle et pour chercher à repousser tous, héritiers, légataires, aspirants possibles ou impossibles. Sa tactique était des plus simples et en même temps des plus habiles. On ne faisait rien moins que répandre à pleins bords la calomnie la plus odieuse sur tous ceux que l'on voulait écarter. C'étaient chaque jour des rapports sans nombre et sans honte, principalement contre une famille qui, à l'encontre des autres, cherchait à se tenir à l'écart et à garder réserve dans toute cette affaire.

C'est contre elle qu'à la fin on avait dirigé toutes les batteries. Sans cesse de nouveaux messagers frappaient à notre porte, me récitaient la leçon faite d'avance par le jeune jésuite, et colportaient ensuite dans les boutiques et arrières-boutiques les bruits les plus en contradiction avec ma vie, mon honneur et celui de toute une famille.

Il m'était impossible de comprendre d'où pouvaient provenir toutes ces accusations et toutes ces calomnies. « Mais qui donc répand ainsi ces bruits et d'où provien- » nent, lui demandais-je, tant de turpitudes et d'infâmes » inventions ? » Sans répondre, il détournait la tête, croyant peut-être avoir atteint son but, mais sans se douter que mes dispositions et mes intentions étaient plus fortes que tout bruit me frappant moi-même ou frappant ceux que j'associais à mes projets. Il arriva cependant qu'après une diatribe terminée de la sorte, on ne se crut obligé de se taire que parce qu'il y avait en notre présence le plus digne et le plus éminent de nos intimes. Mais un autre jour arriva où l'on crut pouvoir franchir toute limite et s'épargner toute réticence ; on m'indiqua naïvement ce qu'on espérait de moi, ce qu'il paraissait convenable de faire après plusieurs années de services en secrétaire particulier. Il n'y allait ni plus ni moins que de l'héritage dont on se croyait le plus digne, puisque mes proches ne devaient y avoir aucune part. Cette fois, il y eut plus que du silence. On ouvrit la porte, on la referma sur la femme envoyée comme messagère, et tout fut terminé.

Tout était dit, tout était compris sans explications plus longues. Le lendemain, tout compte fut arrêté, et l'on disparut comme quelqu'un ne demandant pas son reste.

Mais le mal n'en subsistait pas moins. De perfides paroles habilement prononcées, des soupçons scandaleux jetés sur un émérite se répétaient déjà *intra* comme *extra muros*. Tout était disposé pour nous arrêter dans nos projets les plus chers et déjà bien arrêtés.

On ne comprenait donc pas, et l'on ne semble pas avoir encore compris que l'*acte* qu'il s'agissait de faire était celui qui, à nos yeux, répond le mieux à toute une vie de magistrature libérale. Haïssant encore plus l'injustice que nous n'aimons la justice, il nous fallait faire *un acte* qui pût prouver nos intentions. C'est en lui désormais que se résume notre existence, et pour le maintenir il n'est point de sacrifices auxquels nous ne consentions.

Lors donc que *cet acte* fut annoncé au plus ancien de nos amis dans le notariat aixois, il y fut d'abord superbement répondu par un superbe refus, sans motif allégué, contre toute règle, tout devoir de profession. Il n'y eut point cependant à penser qu'une telle proposition et un tel refus passeraient si rapidement du trottoir de la rue au réduit de tous les cancans de la cité et, qu'en allant accourir chez un autre collègue, que l'on pût juger tout d'abord le mieux en état de recevoir ce qui devait un jour être accompli.

Devra-t-on encore s'étonner des lignes dont nous faisons précéder cette annexe, que partout se retrouve le jésuitisme et rien que le jésuitisme empêchant un acte de libéralisme en faveur de celui qui devait inspirer le plus de ressentiment religieux et politique.

N'est-ce pas dans une disposition pareille qu'à l'audience solennelle de la rentrée de la cour en novembre 1843, le procureur général en service, en action faisait l'éloge du plus éminent de nos procureurs généraux de Provence et discourait sur tant de savoir, tant de vertus qui n'en montrait pas moins, sans hésiter, ce que fut Monclar et ce que dut être alors la plus grande victoire que le ministère public remportait sur le plus grand ennemi de son temps.

Le panégyriste de ce jour s'exprimait ainsi : « Au mi- » lieu de ces manifestations universelles de la reconnais- » sance publique envers les grands hommes de tous les » temps, pourrait-on oublier cette vieille magistrature » des parlements qui a été la véritable institutrice de la » justice en France, la gardienne des plus saines maximes » nationales ? Le savant magistrat qui est si justement » placé à la tête du ministère public a plusieurs fois célé-

» bré devant la première cour du royaume quelques-unes
» de ces grandes vies consacrées dans l'ancienne monar-
» chie à la justice et au bien public. . . . . . .

. . . .

. . . .

 » C'est de l'un de ces magistrats de premier ordre que
» nous nous proposons de vous entretenir aujourd'hui.
» Venu dans un temps difficile, exposé à des épreuves
» dangereuses, ayant refusé les dignités les plus hautes
» pour rester sur le siége du ministère. public au parle-
» ment de Provence, il fut digne de sa haute mission
» comme il l'est encore de notre haute estime. Messieurs,
» vous ne sauriez trouver oiseux ou inopportun que dans
» cette audience solennelle, nous retracions devant vous
» la noble vie, les utiles travaux du procureur général de
» Monclar. C'est ici le lieu, c'est peut-être aujourd'hui le
» moment de rendre hommage à cet homme supérieur
» et illustre qui unit l'intelligence d'un sage au cœur d'un
» citoyen et à l'âme d'un magistrat. »

Ces dernières paroles n'étaient-elles pas prophétiques,
puisque la Provence elle-même et sa haute justice allaient
subir si prochainement et si universellement cette domination étrangère, qui s'obstine avec la persistance de
toutes ses machinations à nous refouler dans cet abîme si
antipathique à un passé condamné et au plus déplorable
avenir.

L'avenir !

C'était le 31 juillet 1829 ; le personnage le plus en cré-
dit à Rome devenu le plus odieux en France nous condui-

sait à Rome même et nous introduisait auprès du père Roz... assistant général de France, vieilli sous la bure et dans cette Société dont il était le véritable chef.

Notre cicerone, dont nous ne voudrions pas faire la déplorable histoire, nous avait pris en grand honneur à la table du cardinal, notre proche parent. Le nouveau converti nous menait partout; toutes les portes lui étaient ouvertes; il se montra fort empressé de nous faire visiter la maison professe et de nous introduire auprès du supérieur de l'ordre. Il serait peut-être un peu long de rapporter tout ce qui s'y passa; mais l'heure sonnait pour la grand'messe, et j'en étais à peine averti que nous descendions avec empressement du plus modeste logement d'un chef assistant général.

Sur la porte de la maison, lorsque je me croyais seul et que je sortais de ma poche l'agenda journalier du voyageur pour retracer la pensée de l'heure même, le père Roz..., qui, m'ayant vu manœuvrer de la sorte et dans l'aparte, s'était arrêté derrière moi, me surprenant en flagrant délit de touriste français, me pria de lui montrer la formule de mon arrêt.

Ce ne fut ni long ni incertain de ma part; il lut lui-même ces mots que je venais de tracer : *M. de Polignac est ministre !*

Si l'on veut bien se souvenir que le ministère.Polignac est du 8 août et que c'était le 31 juillet que je venais à Rome même d'écouter le chef du jésuitisme, on ne saurait avoir aucune espèce de doute que c'est de Rome beaucoup plus qu'à Paris que l'infortuné Charles X recevait ses inspirations et se livrait, peu après, au jésuitisme, véritable auteur de sa chute par le coup d'État du 24 juillet 1830.

Laissant enfin ce double point de vue du jésuitisme s'immisçant dans les affaires générales de notre pays et dans les affaires particulières de chacun de nous, nous sommes naturellement amenés à cette péroraison si justement annoncée dans les premières lignes de ce paragraphe, et qui peut faire comprendre comment s'octroient des médailles d'or en conseil municipal et comment elles sont ensuite gratifiées d'une croix de la Légion d'honneur :

« Il aurait volontiers écrit sur son chapeau :
» C'est moi qui suis Guillot, notaire des Rig... »

CHAPITRE V

Lorsqu'en paraissant sur le terrain et en lice ouverte, nous disions déjà si formellement que rien n'était plus facile que d'entrer en matière sur la question jésuitique, nous reviendrons presque assez volontiers sur la facilité d'un pareil exorde, puisque nous croyons avoir trouvé le vrai et souverain remède aux maux que nous signalons.

Il ne suffit pas de comparaisons plus ou moins justes, de résumés plus ou moins restreints et de plus ou moins d'à-propos, ni de récits exacts et conformes en tous points à la vérité, il faut en venir maintenant à cette conclusion qui doit passer après des motifs irrécusables parce qu'ils sont les plus simples et les plus déterminants.

Nous irions même jusqu'à dire qu'un seul mot peut éclaircir ce nouveau code de répression publique. Mais ce mot, que personne n'a encore examiné d'assez près, n'en a pas moins été entrevu par le grand homme d'État qui, le premier, conçut l'idée d'un *gouvernement responsable et solidaire.*

Élevés dans les hautes régions du pouvoir, nous sommes en effet *responsables* de nos actions et de nos actes pour réparer les torts commis et en subir la peine. Si l'on est *comptable* de ce qu'on a reçu en don ou en dépôt, on n'en est pas moins *responsable* d'un événement ou d'une action qu'on fait soi-même ou qui est faite par quelqu'un dont on est garant. *Répondre,* c'est s'engager à payer ou à subir un châtiment au cas qu'une chose arrive ou n'arrive pas, se fasse où manque de se faire, s'accomplisse ou ne s'accomplisse pas.

On ne se souvient pas en vain de ce que disait il y a plus d'un siècle dans son *Traité des études,* l'auteur de l'ouvrage encore jugé comme le meilleur code de l'éducation publique. Voici en effet comment s'exprimait Rollin :

« Les gens en place sont responsables de la conduite de » ceux qu'ils attachent à leurs fonctions. »

En nous inspirant de l'auteur de la plus sanglante satire contre le jésuitisme, ne serait-il pas permis de se souvenir d'un de ces vers si faciles à retourner et à calquer aux sujets les plus opposés ?

> « Et qui donne à sa fille un homme qu'elle hait
> » Est responsable au ciel des fautes qu'elle fait. »

Pourquoi ne pas dire à notre tour :

> « Et qui donne au Palais un juge que l'on hait
> » Doit compte à son pays des fautes qu'il y fait. »

Il doit compte, en effet, car *comptable* dit autant que *responsable.* Il donne l'idée d'une sanction et d'une pénalité. On est *comptable*, en effet, d'une action qui encourt une certaine pénalité. *Responsable* a nécessairement un caractère judiciaire, il implique l'idée d'un tribunal et de juges qui infligent des amendes et des punitions.

Mais, si de ces idées classiques, si de ces théories séduisantes et opportunes, nous en arrivons enfin à la pratique, à ce qui déjà vient d'être indiqué, nous nous retrouvons sur notre propre terrain judiciaire, et mieux que tout autre nous comprenons la nouveauté et l'étrangeté de notre système. Qu'importe, nous nous résignons d'avance à tous les sarcasmes et à toutes les haines, persuadés d'avancequ'un temps viendra où l'on voudra bien enfin reconnaître qu'en ce point comme dans d'autres nous avons raison envers et contre tous.

Il s'agit, d'après nous, de reporter sur la tête des complices la criminalité des auteurs principaux ; de laisser à ces auteurs principaux la liberté la plus absolue dans leurs actions, dans leur existence, dans leur conscience et dans leur costume. Comment faire subir à une loi cette anomalie qui n'existe dans aucune législation et pour laquelle nous sommes obligés de nous retrancher derrière cette vieille maxime : *Dura lex, sed scripta est?*

Le jésuitisme, suivant les circonstances, sera qualifié de crime, délit ou contravention. Les pénalités ne pourront être infligées à aucun religieux se disant ou s'affirmant comme jésuite. En conséquence, le jésuite sera respecté comme tout autre citoyen, libre de toute entrave ; on respectera en celui qui s'avoue franchement toute la liberté que l'on doit à chacun et aux opinions de tous.

Mais c'est dans la complicité que vient se réfugier tout

notre système répressif. Nous sommes ainsi ramenés à cette responsabilité, véritable clef de voûte, qu'il faut uniquement et tout spécialement attaquer.

Puisque dans chaque pays le gouvernement est et ne peut être constitué que par l'administration qui convient à sa marche et à son but, les présentations aux emplois publics sont naturellement confiées par le chef de chaque ministère aux délégués de son administration. Ces présentations, dans lesquelles jusqu'ici on n'exigeait que des certificats d'études ou de services préalables, seront à l'avenir suivies d'une déclaration spéciale et authentique, rigoureusement et catégoriquement formulée sur l'éducation première, sur l'instruction en famille ou en collége et sur tout ce qui peut concerner les propensions ou l'attrait vers ce jésuitisme. Nous le répétons, le jésuitisme ne peut être saisi ou extirpé que par toutes sortes de précautions. Au bas de chaque présentation, tout chef de service aura l'obligation de déclarer et d'écrire de sa propre main que chaque candidat, par lui ci-dessus présenté, « a été toute sa vie et se trouve encore parfaite-
» ment exempt de tout contact jésuitique et complète-
» ment à l'abri de ces perfides doctrines et de cette in-
» fluence malfaisante. »

Après tous examens préalables, après toute présentation ainsi formellement exigée, après tout ce qui précède l'installation du fonctionnaire nouveau, il pourra y avoir lieu à plainte et à réclamation. C'est alors que tout devra être transporté sur la tête de ceux qui en ont assumé la responsabilité et devront en subir les conséquences.

Mais par qui pourront être attaqués ces hauts fonction-

naires de l'État et ces chefs d'administration gouverne-
mentale? Dans nos juridictions actuellement établies, quel
corps ou quels individus seraient donc en état de recevoir
ces plaintes et de leur donner le cours exigé par nos lois?
Déjà nous avons un exemple à citer de pareil fait, et qui
peut atténuer toute l'étrangeté de notre proposition, car
il s'est passé dans un état et dans une législation dont
personne, assurément, ne repoussera la haute sagesse et
la grande prudence.

Lorsqu'en 1851 le chef de la catholicité venait de di-
viser l'Angleterre en juridictions catholiques et que des
évêchés étaient par lui institués sans le concours du gouvernement de ce pays, il y eut une émotion générale dans
le Royaume-Uni. Le parlement assemblé avait déjà sérieu-
sement délibéré à ce sujet. Personne ne voyait le moyen
de sortir de cet embarras inattendu. Le soir même où
tout devait être terminé, et au moment de quitter une
table nombreuse en amis et en féaux du libéralisme, j'in-
terpellai moi-même un des convives qui nous laissait à
regret pour aller prendre part à la discussion.

« J'ignore, me répondit-il, comment les communes
» s'en tireront et comment on pourra donner satisfaction
» au vœu de la nation britannique. »

Le lendemain et l'un des premiers j'apprenais la solu-
tion qui venait d'être donnée à cette affaire et que je propose aujourd'hui. Dans le parlement, une voix s'était
écriée : « Puisque l'on ne sait à qui confier la poursuite
» en pareille matière, qu'en Angleterre chacun ait le droit
» de porter plainte et d'investir la souveraineté du pays

» représentée par ce jury anglais toujours disposé à sta-
» tuer sur toutes les questions qui lui sont soumises. »

Y aurait-il donc à hésiter devant un exemple pareil,
donné presque en pareille occasion? N'est-il pas naturel
de reconnaître en chaque Français l'accusateur de tout
complice de jésuitisme? Il y aura certainement moins à
hésiter quand toute accusation de cette nature ne sera di-
rigée que contre les chefs des administrations supérieures
bien convaincus d'avoir trahi leur mandat et l'État qu'ils
étaient chargés de défendre.

Quant aux actes introductifs d'accusation et de pour-
suites, il sera tracé des formules de procédure qui ne lais-
seront rien à souhaiter sous le rapport de l'impartialité
la plus rigoureuse pour chacune des parties, aussi bien
pour le pouvoir dirigeant que pour les personnes incri-
minées.

Les peines encourues recevront des directions inspirées
par des vues aussi justes que libérales. Alors que les répressions pécuniaires peuvent être envisagées sous deux
points de vue, il devra nécessairement être stipulé quelles
seront les indemnités exigées par l'État de chaque délin-
quant.

1° Des amendes de 10 000 francs en vue du crime, de
5000 francs pour les contraventions, seront versées dans
les caisses publiques.

2° Des dommages-intérêts pour répression de mauvais
enseignement et mauvais exemple pourront être fixés jusqu'à la moitié du patrimoine réel des délinquants au premier chef.

3° Pour le second fait, qualifié délit, les peines ne seraient que de la moitié de celles déjà indiquées dans le paragraphe précédent.

Quoique la contravention ne doive être réprimée que par des moyens qui peuvent paraître sans vigueur, elle n'entraînera pas moins les peines disciplinaires infligées à chacun des faits incriminés, c'est-à-dire l'éloignement de toute charge ou fonction publique.

Les amendes seront versées au trésor public, mais les dommages-intérêts recevront une destination spéciale. L'Académie française, à laquelle sont déjà offerts tant de dons attribués aux meilleurs emplois, sera chargée de les distribuer chaque année aux auteurs des meilleurs ouvrages sur l'éducation publique et libérale.

PROJET DE LOI

A L'ENCONTRE DU JÉSUITISME

CHAPITRE PREMIER

QUAL FICATION DES FAITS INCRIMINÉS ET DE LEURS CHATIMENTS

§ 1. — Le jésuitisme est qualifié, suivant les circonstances, crime, délit, contravention.

§ 2. — Il ne peut être attribué à aucun religieux se disant jésuite lui-même et reconnu comme tel.

§ 3. — Tout jésuite est, en conséquence, respecté dans sa personne et sa liberté, dans sa croyance et dans son costume.

§ 4. — Il n'y aura, dans ce nouveau mode de répression proclamé en faveur de l'État et de toute sa puissance, que les représentants directs de l'État, les soutiens de ses droits, de son indépendance et de son honneur, qui seront poursuivis comme coupables des crimes et délits ainsi qualifiés.

§ 5. — En conséquence, ce ne seront que les chefs de toutes les administrations publiques, les ministres ou directeurs généraux qui pourront être poursuivis et atteints de toutes les peines infamantes, de toutes les répressions pécuniaires en amendes et en dommages et intérêts qui seront inexorablement prononcées.

CHAPITRE II

POURSUITES, LEUR ORIGINE, LEURS FORMALITÉS

6. — Chaque Français, en pareille matière, a le droit de dénonciation, de poursuite directe devant toute autorité judiciaire ou civile de son canton, de son arrondissement et de son département.

§ 7. — Les juges de paix, juges d'instruction, les chefs de parquets de cour et de première instance et tous autres fonctionnaires se transmettront simultanément toute plainte de cette nature, après avoir constaté l'identité du plaignant et pris toutes les informations nécessaires et relatives à chaque plainte et à sa perpétration.

§ 8. — Le plaignant, informé de toute cette instruction préalable, sera officiellement averti des envois ultérieurs ci-dessus prescrits au ministre de la justice et au procureur général de la cour de cassation.

§ 9. — Dans cette cour suprême, une section particulière, sous la dénomination de *section du jésuitisme*, opérera comme chambre d'accusation instituée dans le code d'instruction criminelle et dans le code pénal.

§ 10. — Elle pourra mander devant elle tous inculpés, témoins et autres individus qu'elle entendra, et elle rédigera tout ce qui sera utile et nécessaire dans ces procédures et informations spéciales.

§ 11. — Après communication au procureur général et arrêt de renvoi de la section d'accusation devant la cour de cassation, toutes sections réunies en audience solennelle, la cour suprême statuera sur tous les griefs articulés dans le dossier et sur la réquisition du procureur général.

§ 12. — Chaque accusé sera admis au cours de l'instruction à l'audition de tout ce qui se passera dans la susdite enquête jusqu'à la dernière audience publique solennelle où l'accusé sera présent, devra se défendre ou pourra se faire défendre par un avocat de son choix.

FIN

TABLE DES MATIÈRES

PARIS. — IMPRIMERIE DE E. MARTINET, RUE MIGNON, 2